Johannes F. Brakel
Biber, Buntspecht und Delphine

Johannes F. Brakel

Biber, Buntspecht und Delphine

Wie Tiere leben

Verlag Freies Geistesleben

*Herausgegeben von der Pädagogischen Forschungsstelle
beim Bund der Freien Waldorfschulen*

Johannes F. Brakel ist Lehrer für Biologie, Chemie und Erdkunde. Durch viele Exkursionen in die Lebensräume interessanter Tiere und Pflanzen sind die Botanik und die Zoologie zu seinen Spezialinteressen geworden. Im Verlag Freies Geistesleben ist von ihm auch das Pflanzenbuch *Birke, Mohn und Baobab* erschienen.

1. Auflage 2008

Verlag Freies Geistesleben
Landhausstraße 82, 70190 Stuttgart
Internet: www.geistesleben.com

ISBN 3-7725-2282-6

Bildnachweis:
© Blickwinkel: S. 27, 29, 37, 39, 44, 51, 53, 55, 59, 63, 69, 91, 93, 99,
101, 105, 109, 117, 119, 125, 129, 133, 138, 141, 149, 152
© Okapia/Pölking: 76
Johannes F. Brakel: S. 8, 11, 21, 23, 24, 43, 47, 73, 81, 87, 111

Copyright © 2008 Verlag Freies Geistesleben
& Urachhaus GmbH, Stuttgart
Einbandgestaltung: Thomas Neuerer unter Verwendung
eines Fotos von P. Frischknecht / Blickwinkel
Gesamtherstellung: Druck- & Medienzentrum Gerlingen

Inhalt

Elefanten 7
Kraniche 17
Kamele 25
Das Rotkehlchen 36
Moschusochsen 41
Lahol, der Mornellregenpfeifer 46
Der Fuchs 50
Uhu und Schleiereule 57
Schimpansen 71
Mistkäfer und Pillendreher 79
Schwalbenschwanz 85
Delphine 90
Haubentaucher 97
Schwalben und Segler 104
Der Igel 115
Ameisen 123
Der Biber 139
Fledermäuse 146
Der Buntspecht 153

Nachwort des Herausgebers 159

Elefanten

Endlich hatten wir ihn gefunden! Seit Sonnenaufgang hatten wir die verdorrte Akaziensavanne abgesucht. Nun stand der große Graue dort im Papyrussumpf des Nils und schob ein Papyrusbüschel nach dem anderen gemächlich mit dem Rüssel in das Maul – ein Elefantenbulle, der in größerer Entfernung die Herde Elefantenkühe und Jungelefanten begleitete. Wir hielten an und beobachteten. Da er sich ruhig verhielt, stiegen wir vorsichtig aus dem VW-Bus, schraubten die Teleobjektive auf die Kameras und näherten uns langsam dem alten Bullen. Die Autotüren ließen wir weit offen und den Zündschlüssel stecken, um im Notfall schnell davonfahren zu können. Nachdem er anscheinend genügend Papyrusbüschel in sich hineingemampft hatte, interessierten den Elefanten nun doch die kleinen Menschen und die große weiße Kiste, unser Bus, und – noch immer kauend – kam er langsam näher. Wir flitzten zurück ins Auto und berieten, ob wir bleiben oder wegfahren sollten. Der Alte stellte die Ohren nicht auf und warf keinen Sand mit dem Rüssel, war also noch nicht auf einen Angriff eingestellt. Aber er kam näher und näher. Bleiben oder abfahren? Schließlich war er so nahe, dass es zu gefährlich gewesen wäre, den lauten Automotor anzulassen. Wahrscheinlich hätte der Elefant einen Schreck bekommen – und was dann?

Jetzt stand er neben dem VW-Bus und tastete mit dem Rüssel vorsichtig Windschutzscheibe und Außenspiegel ab. Würde er den Spiegel abreißen? Sein Rüssel tastete an den Seitenfenstern entlang, kam an das Moskitogitter, das anstelle des Fensters eingesetzt war, um frische Luft hereinzulassen. Ein leichter Druck mit dem Rüssel, das Moskitogitter sprang zerbrochen aus dem Rahmen und – der Rüssel tastete

Afrikanische Elefanten haben größere Ohren als asiatische. Hier stopft sich ein Bulle Papyrus ins Maul.

im Innenraum. Ein entsetzter Aufschrei! Schreckensbleich sprang der neben dem Fenster Sitzende quer durch den Bus. Er glaubte, sein letztes Stündlein habe geschlagen. Wir versuchten ihn zu beruhigen. Der Elefant drehte ein wenig ab. Dann tastete der Alte das Heck des Wagens ab und versuchte mit den Stoßzähnen die Heckklappe zu öffnen, schließlich begann er sich genüsslich an der Regenrinne am Dach zu scheuern. Der Bus schwankte und schaukelte. Damit wir nicht mitsamt dem Bus umgeworfen würden, ließen wir jetzt schnell den Motor an. Durch das laute Knattern erschreckt, trat der Elefant einen Schritt zurück, und wir fuhren so schnell wie möglich davon.

Diese erste Begegnung mit einem afrikanischen Elefanten zeigt, dass Elefanten eigentlich sehr friedliche Tiere sind. Sie können aber auch ganz plötzlich gefährlich werden, wenn man sie ärgert.

Hätte sich der Elefant seinen Rüssel an dem heißen Auspuff verbrannt, wäre er wahrscheinlich sehr wütend geworden. Und ein wütender Elefant ist lebensgefährlich! Blitzschnell rammt er seine langen Stoßzähne durch das Blech des Autos oder kippt es einfach um und zertrampelt es.

Wer Elefanten kennt, sieht ihnen am Gesicht ihre Laune an. Und wer sie nicht kennt, sollte besser einen großen Abstand zu ihnen halten.

Der Elefant, dem wir hier begegnet waren, war ein alter Bulle, der allein durch die Savanne streift und seine Herde nur einmal im Jahr aufsucht. Dennoch bleibt er immer in ihrer Nähe, auch wenn seine Herde viele Kilometer weit weg zieht. Elefanten wandern ja sehr weit, wenn sie auf der Suche nach einer besonders leckeren Nahrung sind.

Wie aber weiß der alte Elefant, wo seine Herde ist, wenn diese schon viele Kilometer weiter gezogen ist und das Akaziendickicht so dicht und unübersichtlich ist, dass man nur wenige Meter weit schauen kann? Trompeten sie sich zu? Manchmal vielleicht, aber meist ziehen sie still und für uns Menschen unhörbar dahin, sodass wir sie nur zufällig finden.

Diese Frage konnten die Wissenschaftler lange nicht beantworten und erst vor Kurzem hat eine Amerikanerin die Antwort gefunden: Ihr war aufgefallen, dass es im Magen der Elefanten immer dumpf rumpelt und kollert, wie bei uns, wenn uns der Magen knurrt, aber eben eigentlich immer. Als sie diese Geräusche mit einem sehr guten Tonband aufnahm, stellte sie fest, dass dabei Töne waren, die für uns Menschen gar nicht zu hören sind, so tief sind sie, tiefer als das tiefste Brummen. Elefanten aber können diese äußerst tiefen Töne mit ihren sehr guten Ohren hören. Sie wissen also immer, was im Magen und Gedärm der anderen geschieht. Nun sind diese Töne so tief, dass die Erde selber sie weiterleitet, so wie das dumpfe Grollen eines Erdbebens. Auf diese Weise verbreitet sich das Magenrumpeln eines einzelnen Elefanten. Bis zu zehn Kilometer weit kann es ein anderer hören. Ist das nicht unglaublich? Der Elefant sieht mit seiner grauen faltigen Haut nicht nur aus wie ein Felsblock, er ist wirklich ganz und gar ein Tier, das zur Erde gehört!

Natürlich braucht er sehr feine Ohren dafür. Und die großen Elefantenohren sind ja besonders beim Afrikanischen Elefanten riesig groß, beim Indischen Elefanten etwas kleiner. Daran kann man die beiden leicht unterscheiden. Die Ohren sind aber nicht nur zum Hören da. Sie drücken auch aus, in welcher Stimmung der Elefant ist – wie wir ja schon wissen. Das ist in der Elefantenherde ganz wichtig. Außerdem sind die Ohren so dünn und gut durchblutet, dass die Elefanten sich mit ihnen kühlen können, wenn es ihnen zu heiß ist. Denn schwitzen können sie nicht. Und wie ein Hund mit seiner Zunge hechelt, so fächeln und wedeln die Elefanten dann mit ihren Ohren. Wenn es ganz kleinen Elefanten zu heiß wird und sie keinen Schatten weit und breit finden, so stellen sie sich auch einfach unter den Bauch ihrer Mutter. Da ist genug Platz und Schatten!

Natürlich können Elefanten nicht nur mit dem Bauch reden, sondern haben auch eine normale Stimme, die sie mit ihrem Rüssel zu gewaltigen Trompetenstößen verstärken können. Aber auch die riesigen, luftgefüllten Stirnhöhlen, die den Großteil ihres Schädels einnehmen, verstärken ihre Stimme, wie bei uns Menschen auch.

Ein Elefant gehört immer zu einer Herde, auch wenn er, wie unser alter Bulle, allein mit Abstand zu der Herde zieht. In der Herde selbst leben die Mütter, Großmütter, die Halbwüchsigen und die ganz kleinen Kälber. Erst wenn die Elefantenjungs mit 20 bis 25 Jahren

*Kleine und große Elefanten kommen gerne an den Fluss,
um zu trinken und zu planschen.*

erwachsen geworden sind, werden sie aus der Herde vertrieben und wandern allein oder in «Männertrupps» umher.

Die Herden können groß sein, oft über 50, selten auch über 100 Tiere, die aber nicht immer gemeinsam ziehen. Vielmehr wandert jede Großfamilie von etwa 10 bis 15 Elefanten für sich und trifft die anderen Familien der Sippe nur hin und wieder. Die erfahrenste Elefantenkuh führt die Familie. Sie kennt die Wasserstellen und die leckersten Bäume, Sträucher und Salzstellen vielleicht schon 50 Jahre lang oder länger. Elefanten können ja über 70 Jahre alt werden.

Das Gebiet, durch das sie die Familie führt, kann sehr unterschiedlich groß sein. Dort wo die Elefanten in dichter Savanne oder lockerem Wald leben, halten sie sich in guten Zeiten in einem kleinen Gebiet von etwa 50 Quadratkilometern auf. Sie verlassen es nur in Trockenzeiten, in denen sie zu wenig zu fressen finden. Elefanten in lockeren Trockensavannen bewohnen oft Gebiete von 300 Quadratkilometern, die Wüstenelefanten Namibias sogar noch größere Gebiete. Dort müssen die Elefanten sehr weite Strecken ziehen, um genügend Nahrung zu finden.

Normalerweise wandern Elefanten auf Wechseln, die sie gut kennen, ausgetretenen schmalen Pfaden, auf denen sie hintereinander wie im Gänsemarsch laufen. In einer Stunde kommen sie 6 Kilometer weit, sind also schneller als ein Mensch, und können am Tag bis zu 80 Kilometer weit ziehen. Das tun sie aber nur in großer Not, etwa auf der Flucht, oder wenn die Wasserlöcher in der Trockenzeit versiegen. Dabei können sie selbst 3000 Meter hohe Berge oder über zwei Meter hohe Stufen überklettern.

Ein Elefant, der angreift, ist dagegen sehr schnell, bis zu 60 km/h kann er dann galoppieren. Meist aber wandern die Elefanten in Ruhe und viel kürzere Strecken und fressen und rasten lange an einer Stelle.

Sie sind dabei trotz ihres massigen Gewichts sehr vorsichtig und meist nicht zu hören. Ihre Fußsohlen sind mit einem dicken Polster versehen, vor allem unter der Ferse, sodass sie ganz weich wie in einem Sportschuh mit superweicher Gelsohle dahintrotten.

Elefanten ziehen oft weite Strecken, wenn sie wissen, dass irgendwo eine ihrer Lieblingsspeisen reif wird. Dass sie ganze Papyrusstauden und andere Wasserpflanzen in sich hineinstopfen, haben wir schon gehört. Sie reißen aber auch gern ganze Palmwedel herunter trotz der dornigen und spitzen Ränder. Oder sie graben Grasbüschel aus, die sie dann erst von Erde und Sand befreien müssen, um an die Wurzeln zu gelangen, indem sie das Grasbüschel gegen ihr Bein reiben oder mit

Rüssel und Stoßzähnen zusammenquetschen und kräftig schütteln. Eine besondere Spezialität sind die riesigen Früchte der Leberwurstbäume, die so heißen, weil diese Früchte tatsächlich wie lange Würste aussehen. Allerdings sind diese manchmal schon vergoren, und dann torkeln die Elefanten, wenn sie weiterziehen, wie Betrunkene und trompeten lautstark.

Eine Elefantenfamilie im Manyara-Nationalpark hatte einmal eine besondere Vorliebe für die Rinde der Fieberakazienbäume entdeckt. Leider starben die Akazien, wenn die Elefanten die ganze Rinde in langen Streifen abrissen, sodass es laut und peitschenartig knallte. Normalerweise macht das in dem großen Elefantengebiet nichts aus, da andere Akazien überall nachwachsen. Hier aber war das Gebiet nur klein, und außerdem hatten auch die Löwen eine Vorliebe für diese Akazien, weil sie darauf gerne, vor den Mücken geschützt, ihre Mittagspause abhielten. So wussten die Nationalparkranger nicht so recht, ob sie die Elefanten von den Akazien vertreiben sollten, um den Löwen zu helfen, oder ob sie ihnen ihre Vorliebe lassen sollten.

Ob Rinde, Früchte, Papyrus oder Äste – alles pflückt der Elefant mit dem Rüssel: winzig kleine Kerne oder dicke Baumstämme kann er damit vorsichtig oder kraftvoll bewegen. Größere Stämme lädt er auf seine Stoßzähne und hält sie dann mit dem Rüssel fest. Auch das Wasser saugt der Elefant mit dem Rüssel, seiner verlängerten Nase und Oberlippe, auf. Aber er trinkt es nicht damit, sondern spritzt es sich in den Mund, um es dann erst zu trinken. Oder er prustet es sich über den Rücken als Dusche, denn er liebt es sehr, zu duschen oder auch im Fluss zu baden. Nach dem Bad prustet er sich Staub oder auch Schlamm über den nassen Rücken. So ist er vor der heißen Sonne geschützt. Und wenn der Schlamm trocknet und in großen Platten abfällt, gehen auch die lästigen Zecken mit ab. Denn als einziges Landsäugetier hat er ja kein Fell. Man nennt ihn zwar einen Dickhäuter, aber in Wirklichkeit ist seine Haut dünn und empfindlich, auch wenn sie faltig ist und ihm locker um die Beine schlackert wie eine zu große Pyjama- oder Hip-Hop-Hose.

Um ihre Haut zu pflegen, haben die Elefanten oft Vögel bei sich, mit denen sie in Freundschaft leben: kleine, strahlend weiße Kuhreiher, die gerne auf ihrem Rücken reiten und Insekten fangen, oder kleine Madenhacker mit gelb-rotem Schnabel, die wie Spechte die Zecken von der Haut abpicken. «Man kann sich keinen hübscheren Anblick denken als den gewaltigen, ruhig dahinschreitenden Riesen, auf welchem ein ganzes Dutzend der anmutigen, blendend weißen Vögel sitzt oder umherwandelt, der eine ruhend, der andere sich putzend, der dritte alle Falten der Haut untersuchend und hier und dort jagend, ein Insekt oder einen Egel, welchen sich der Dickhäuter im nächtlichen Busch geholt, aufnehmend.» So schildert der Tierforscher Brehm die Freundschaft der Elefanten mit den Kuhreihern.

Kleine Elefanten haben noch einen ganz kurzen Rüssel, so kurz, dass er nicht bis auf den Boden oder in das Wasser reicht. Sie müssen ganz ins Wasser hineingehen, um mit ihrem Mund zu trinken. Ihren Rüssel halten sie dabei wie einen Schnorchel hoch, sodass sie gleichzeitig atmen und trinken können. Das ist aber nicht ungefährlich, denn oft ist das Ufer der Wasserstelle schlammig und manchmal versinkt der kleine Elefant im Schlamm und kommt nicht mehr heraus. Dann quiekt er ganz jämmerlich, bis die Großen ihn mit Rüsseln und Stoßzähnen wieder herausgezogen haben.

Wenn sich Elefanten begrüßen, «umarmen» sie sich mit dem Rüssel. Und wenn kleine Elefanten müde sind, stecken sie den Rüssel in den Mund und nuckeln daran.

Wenn die kleinen Wasserläufe und Flüsse in der Trockenzeit versiegen, graben die Elefanten mit ihren Stoßzähnen im trockenen Flussbett bis einen Meter tiefe Löcher, um an das Grundwasser heranzukommen. Dann knien sie am Rand der Löcher und saugen das Wasser hoch.

Die Stoßzähne sind eigentlich die beiden verlängerten oberen Schneidezähne, die aber immer weiter wachsen und so immer länger werden, je älter der Elefant wird. Es hat schon Elefanten mit über zwei Meter langen Stoßzähnen gegeben. Natürlich haben Elefanten auch noch andere Zähne, mit denen sie die Blätter und Zweige zerkauen können. Wie alles am Elefanten sind auch diese riesengroß: die Kaufläche eines einzigen Zahns ist größer als eine Männerhandfläche. Dafür haben sie auch nur vier solcher Zähne. Wenn diese vom vielen Kauen abgenutzt sind, fallen sie einfach aus und die nächsten Zähne rücken nach. Und das passiert nicht nur einmal, sondern bis zu sechs Mal. Immer wenn ich beim Zahnarzt bin, denke ich, wie angenehm es doch die Elefanten haben!

Die Stoßzähne sind allerdings auch die größte Bedrohung für den Elefanten. Denn um das feine, harte und weiße Elfenbein zu bekommen, wurden unzählbar viele Elefanten vergiftet, in Fallen gefangen oder erschossen. Weil man Klaviertasten, Billardkugeln und Schmuck daraus schnitzte, brachten geldgierige, bewaffnete Wilderer so viele Elefanten um, dass man befürchten musste, sie würden ganz aussterben.

Aber viele Elefantenliebhaber haben ihr ganzes Leben lang dafür gekämpft, dass der Handel mit Elfenbein verboten wird. Und das ist 1989 geschehen, sodass die Elefanten jetzt gut geschützt in Reservaten und Nationalparks leben können.

Wenn Elefanten einen toten Elefanten oder dessen Knochen finden, sind sie ganz verstört. Sie versuchen, den Toten wegzutragen, was ihnen nur gelingt, wenn es ein kleines Kalb ist. Knochen oder Stoßzähne tragen sie oft weit weg. Oder sie bedecken den Toten mit Erde oder Zweigen wie bei einem Grab.

Ja, in vielem sind uns die Elefanten sehr ähnlich. Sogar die menschliche Hautfarbe haben Elefantenbabys am Kopf und hinter den Ohren, Indische Elefanten behalten sie dort sogar ihr ganzes Leben lang.

Elefanten aber, die mit ansehen müssen, wie einer der ihren erschossen wird, stürmen sofort mit aller Kraft auf den Jäger zu. Sie werden oft zu gefährlichen Menschenhassern, die Menschen, wo immer sie sie sehen, angreifen – und wer wollte es ihnen verdenken? Auch Zooelefanten erinnern sich an böse Streiche von Zoobesuchern und sogar, wenn sie so jemanden erst viele Jahre später wiedersehen, greifen sie ihn an oder prusten ihm wenigstens Wasser ins Gesicht. So gut ist ihr Gedächtnis!

Wenn Mensch und Elefant sich aber mögen, so entsteht eine wirklich dicke Freundschaft, die ein Leben lang hält. Seit 4000 Jahren lassen wilde Elefanten Götter, Könige oder Fürsten auf sich reiten. Später halfen sie auch bei der Arbeit im Walde, angeleitet von einem Mahoud, dem Elefantenführer, der ihnen auf dem kräftigen Nacken sitzt. Heute ersetzen oft Maschinen diese Arbeiten. Wäre es nicht schön, wenn diese so menschlichen Tiere auch weiterhin dem Menschen bei seiner Arbeit helfen würden?

Kraniche

«Ein Vogel, so groß wie ein Mensch!», rief der später berühmte schwedische Vogelforscher Bengt Berg aus, als er zum ersten Male Kraniche sah. Er war noch ein kleiner Junge von vielleicht zehn Jahren, als er eines Tages die seltsamen trompetenartigen und heiser, aber volltönenden Stimmen von ganz Nahem rufen hörte. Ganz allein, nur vom Jagdhund begleitet, schlich er sich aus dem Haus. So laut riefen die Stimmen, dass sie gleich von der benachbarten Wiese hertönen mussten! Dort war aber nichts zu sehen. So sprang der Junge über den Graben am Wiesenrand und lief in den Fichtenwald hinein. Auch dort waren sie nicht, und er kletterte über Baumstämme und kroch durch Farngesträuch immer den aufregenden Stimmen nach. Brombeerranken zerkratzten ihn, aber das machte ihm nichts.

Er war sicher zwei Kilometer gelaufen, als er an eine Waldlichtung kam. Und dort standen sie: Kraniche, so groß wie ein Mensch – jedenfalls so groß wie der Junge Bengt Berg – hoch aufgerichtet, mit langem, geradem Hals, elegant hellgrau am Bauch, dunkler grau das Gefieder. Die Schwanzfedern waren lustig und imposant gekräuselt und wippten mit jedem Schritt. Er wusste damals noch nicht, dass dies eigentlich nicht die Schwanzfedern waren, vielmehr besondere Schmuckfedern der Flügel, die nur nach hinten gerichtet waren, sondern er staunte nur. Die Kranichköpfe waren schwarz und weiß gefärbt, aber an jedem Scheitel leuchtete eine große Stelle blutrot hervor, besonders, wenn die Kraniche laut riefen. Dazu legten sie den Kopf nach hinten, fast bis auf den Rücken, sodass der Hals einen großen Bogen machte und der lange Schnabel nach oben wies. Unglaublich kraftvoll waren ihre schmetternden Rufe!

Spät am Tag kam er nach Hause zurück, wo ihn erst einmal ein Donnerwetter erwartete, denn in dem Wald konnte man sich leicht verlaufen. Aber stolz waren sie doch auf den tapferen Jungen! Und der wusste nun, dass er später einmal die Kraniche erforschen wollte, wo und wie sie brüteten und wohin sie zogen, wenn sie im Herbst über das Haus flogen. Und er sollte es später wirklich herausfinden.

Kraniche am Nest zu beobachten ist besonders schwierig, weil diese nur an ganz verborgenen Stellen, in Sümpfen und an Waldseeufern brüten und weil sie ganz scheu und heimlich sind und ihr Nest aufgeben, wenn sie merken, dass ein Mensch ihnen zu nahe kommt.

Weil Bengt Berg aber wusste, dass sie jedes Jahr an dasselbe Nest zurückkehren, grub er als erwachsener Vogelforscher in der Nähe eines Nestes, das er eines Tages gefunden hatte, eine Grube in den nassen Moorboden, natürlich im Herbst, als die Kraniche nicht da waren. Als sie dann im nächsten April kamen – in Schweden, wo der Frühling erst spät kommt, erscheinen sie erst im April, bei uns oft schon im Februar –, da saß er in seiner Grube mit einem Dach über sich hinter einem schmalen Sehschlitz und konnte das Nest beobachten und fotografieren.

Zwei Eier legt das Weibchen in das flache, aber fast meterbreite Nest. Erst sind diese olivbraun mit dunkelbraunen Tupfen; später werden sie heller und glänzender. Dreißig Tage lang wechseln sich Männchen und Weibchen mit dem Brüten ab. Dazu lassen sie sich vorsichtig auf dem Nest nieder, sträuben die Brustfedern zur Seite und legen sie um die Eier herum, sodass diese nur an dem Brustfleck liegen, einer federlosen, besonders warmen Stelle des Körpers. Jede Stunde werden die Eier gedreht, damit sie überall gleich warm werden.

Nach dreißig Tagen beginnt es in den Eiern zu piepsen und zu rufen. Und der Muttervogel antwortet mit leisem Knurren. So lernen die Küken schon vor dem Schlüpfen die Stimmen ihrer Eltern kennen.

Dann beginnen sie mit einer harten Stelle auf ihrer Schnabelspitze, dem sogenannten Eizahn, von innen an der Eierschale zu kratzen. Dabei drehen sie sich in dem engen Ei hin und her und strecken sich dabei kräftig. Nach mehreren Stunden Arbeit bricht schließlich das Ei an einer Stelle auf und die Eltern helfen mit ihren Schnäbeln die Schale zu entfernen.

Die frisch geschlüpften Küken sind noch nass und verklebt und werden erst einmal im Brustgefieder gewärmt und getrocknet. Dadurch richten sich ihre Flaumfedern wie weichester Plüsch auf, und man glaubt gar nicht, dass der kleine Kranich, der immer noch bequem auf einer Hand sitzen kann, in das winzige Ei gepasst hat.

Erst sind die kleinen Küken erschöpft von dem anstrengenden Schlüpfen, aber bald werden sie neugierig, beknabbern das Nest und die Federn der Eltern, beginnen mit ihren großen Füßen zu laufen und wollen am liebsten sofort die Welt außerhalb des Nestes erkunden.

Schon am nächsten Tag macht die Kranichfamilie gemeinsam den ersten Ausflug. Die Küken lernen zu trinken und die ersten Würmer zu finden und zu fressen. Sie werden aber auch noch von den Eltern gefüttert.

Oft stolpern die Kleinen noch über Stängel und Grashalme, bald aber laufen sie sehr geschickt. Verlieren sie die Eltern aus den Augen, so fiepsen sie angstvoll, und sobald einer antwortet, rennen sie mit aller Kraft dorthin und schlagen dabei mit ihren noch winzigen Flügelstummeln, als könnten sie gleich losfliegen.

So lernen sie, was schmeckt und wie sie es fangen können, erst Würmer und Insekten, später auch einmal einen Frosch oder eine Maus, als Erwachsene aber fast nur noch Samen und Früchte.

Bis zum Herbst sind sie fast so groß wie ihre Eltern geworden und sie müssen jetzt fliegen lernen. Oft treffen sie andere Jungvögel, mit denen sie umherziehen. Im September aber sammeln sich die schwedischen Kraniche auf großen Sammelplätzen und fliegen gemeinsam nach Süden. Sie fliegen dabei nicht irgendwie, sondern in v-förmigen oder keilförmigen Ketten, immer einer schräg hinter dem anderen. So fliegt es sich für die hinteren am einfachsten. Für den vordersten ist es am anstrengendsten, weshalb sich an dieser Stelle immer nur die kräftigsten Kraniche abwechseln. Fünfzig bis über zweihundert Kraniche fliegen so zusammen, sie legen meist fünfzig Kilometer in der Stunde zurück, je nach Wind. Natürlich fliegen sie nicht den ganzen Tag lang, denn sie müssen ja auch noch etwas zu fressen finden.

Die Erfahrensten kennen die Rastplätze, wo es genug zu fressen gibt: abgeerntete Kartoffelfelder, auf denen noch Reste von Kartoffeln liegen, oder Mais- oder Sonnenblumenfelder, auf denen sie gemeinsam die Körner aus der Erde picken.

Abends suchen sie dann einen flachen See, in dessen Wasser sie alle zusammen landen. Es ist ein wunderbares Schauspiel, wie vor dem goldenen Abendhimmel ein Kranichschwarm nach dem anderen heranschwebt und viele aufgeregte Stimmen rufen, bis schließlich alle im Wasser stehen! Tausende von Kranichen können das sein! Dann ziehen sie ein Bein in das Gefieder und legen den Kopf unter die Flügel, aber nur so weit, dass die Augen noch herausschauen können. Wenn ihr scharfes Gehör in der Nacht etwas plätschern hört, öffnen sie ihre Augen sofort, um zu sehen, ob etwa ein Fuchs durch das Wasser schwimmt. Dann vertreiben sie ihn mit scharfen Schnabelhieben oder sie fliegen mit einem Schlag alle davon – und der Fuchs hat das Nachsehen!

Wenn sie über ganz Schweden nach Süden geflogen sind, liegt die Ostsee vor ihnen. Diese zu überfliegen ist gefährlich und anstrengend. Manchmal müssen sie ein paar Tage warten, bis sich ein Sturm gelegt hat und sie bei gutem Wetter starten können. Die alten Kraniche kennen die Stellen, wo die Ostsee am schmalsten ist, etwa bei Falsterbo

Mit lauten, trompetenden Rufen fliegen die Kraniche heran.

oder bei Göteborg. Von dort fliegen sie nach Dänemark oder auf die Insel Rügen. Nach dem anstrengenden Flug, bei dem sie ja keine Pause machen können, bleiben sie mehrere Tage auf den kleineren Inseln vor Rügen, um sich für den weiteren Flug satt zu fressen.

Dann trennen sich ihre Wege. Der eine Teil der Vögel fliegt über Norddeutschland und Frankreich nach Spanien, wo sie den Winter über bleiben, der andere Teil nimmt die Route über Ungarn, Griechenland und Israel bis zum Nil, nach Ägypten und nilaufwärts, bis in den Sudan.

In Spanien leben sie als großer Trupp von 15000 bis 30000 Kranichen vor allem auf abgeernteten Getreidefeldern, aber auch in

Korkeichenwäldern und Olivenhainen, wo sie Eicheln und Oliven fressen.

Die Jungvögel bleiben auch im Winterquartier immer bei ihren Eltern, sodass sie die Flugroute gut lernen und vielleicht schon im nächsten oder übernächsten Jahr selber die Führung vorne im Trupp übernehmen können.

Auf dem Rückweg im Februar fliegen sie zunächst dieselbe Route. Dabei müssen sie sich Berge, Flüsse und Inseln gut gemerkt haben, denn nur anhand dieser finden sie wieder in ihr Brutgebiet zurück.

Eine Besonderheit gibt es aber auf dem Rückweg: Alle Kraniche, die in Schweden brüten, treffen sich, wenn sie über die Ostsee geflogen sind, an einem einzigen See. Das ist der Hornborgasjö oder Hornborgasee, nicht weit von Göteborg entfernt.

Um den 10. April herum kann man hier 6000 Kraniche sehen. Und täglich kommen neue dazu und andere fliegen schon weiter.

Wenn man zu dieser Zeit, frühmorgens noch im Dunkeln – es ist dann noch eisig kalt – an den See kommt, kann man vor dem noch dunkelblauen Himmel sehen, wie die ersten Trupps von ihren Schlafplätzen im flachen Wasser herübergeflogen kommen. Laut rufend und trompetend landen sie an einer Stelle am Seeufer. Und wenn sie dann alle versammelt sind und die aufgehende Sonne golden über das Ufer und die Kraniche scheint, geschieht etwas Unglaubliches:

Die Kraniche beginnen zu tanzen, ja wirklich zu tanzen! Sie springen mit beiden Beinen hoch in die Luft, mehrere Meter hoch, schlagen mit den Flügeln und drehen sich dabei, halb springend und halb fliegend um sich selbst. Sie nehmen Zweige und Stöckchen mit dem Schnabel vom Boden auf und werfen diese beim Tanz in die Luft. Die Schmuckfedern wippen und hüpfen, der rote Scheitel leuchtet hellrot und die Luft klingt laut von dem heiseren Trompeten. Oft tanzen zwei Kraniche miteinander und tanzen dabei umeinander, die Flügel

Hunderte, manchmal Tausende Kraniche versammeln sich im Frühling am Hornborgasee in Schweden, um zu tanzen.

anmutig erhoben. Aber eigentlich tanzt so im Morgensonnenschein der ganze Hügel voll grauer, aber vergoldeter Kraniche! Es ist ein unglaublich schöner Anblick!

Was ist das für ein Vogel – nicht nur so groß wie ein Mensch, auch tanzend wie dieser!

Kamele

«Du blöde Kuh» oder «du dummes Kamel» sind Schimpfworte, die wir oft verwenden, um einen Menschen zu beschimpfen, der sich besonders dumm oder uneinsichtig benimmt. Aber sind Kühe oder Kamele wirklich dumm? – Für manche Menschen mag es ja nicht einmal ganz unpassend sein, sie als dumm zu bezeichnen, für die Tiere ist es aber bestimmt nicht recht: Eine Kuh mag in ihrem Kopf vielleicht wirklich nicht gerade helle sein. Dafür kann sie in ihren verschiedenen Mägen besonders gut Gras verdauen und schließlich in sich gute Milch werden lassen. Dazu genügt es nicht, das Gras nur einmal zu fressen. Nein, nachdem sie es im ersten Magen vorverdaut hat, holt sie es Portion für Portion wieder hervor und käut es noch einmal durch, um es dann in den nächsten komplizierten Magen zu befördern. Fressen und wiederkäuen ist ihre eigentliche Arbeit, mit der sie den ganzen Tag über zu tun hat. Und niemand sollte sie dabei stören!

Die Kamele sind zwar viel größer als Kühe – manche Trampeltiere werden so hoch, dass man ihnen selbst mit ausgestreckter Hand und auf Zehenspitzen nicht bis an die Höckerspitze reicht –, haben aber längst nicht so einen gewaltigen Bauch. Auch haben sie einen Magen weniger als die Kühe. Wer ihnen ins Gesicht schaut, könnte wohl meinen, dass es ganz besonders dumme Tiere seien: Allzu schlaff und merkwürdig hängt die in der Mitte gespaltene Oberlippe über den Mund, die Unterlippe schlabbert beim Laufen hin und her; manchmal tropft Speichel heraus. Auch stellen sich Kamele zuweilen besonders bockig und uneinsichtig an.

Links: Ein Reitkamel mit hölzernem Tuaregsattel und bunter Satteldecke.

Hören wir nur einmal, wie der berühmte Tierforscher Brehm beschreibt, was passiert, wenn eine Kamelkarawane morgens bepackt werden soll:

«Die zur Fortschaffung des Gepäcks bestimmten Kamele sind seit gestern angekommen und fressen mit der unschuldigsten Miene die Wandung einer Strohhütte auf, deren Besitzer eben abwesend ist und der versäumte, sein Haus durch Dornen zu schützen. Einige Kamele unterstützen in Erwartung des Kommenden das Gebrüll der Treiber mit ihrem eigenen; bei den übrigen, die noch nicht mitbrüllen, bedeutet dies soviel wie: ‹Unsere Zeit ist noch nicht gekommen, aber sie kommt!› Ja, sie kommt! Nach allen Seiten stürmen die braunen Männer, um ihre häuserfressenden oder sonst wie Unheil stiftenden Kamele einzufangen; bald darauf sieht man sie mit ihnen zurückkehren. Jedes einzelne Kamel wird zwischen die bereits gerichteten Stücke seiner Ladung geführt und mit einem unbeschreiblichen Gurgellaute gebeten oder durch einige die Bitte unterstützenden Peitschenhiebe aufgefordert, sich niederzulegen. Mit äußerstem Widerstreben gehorcht das ahnungsvolle Geschöpf, dem eine Reihe schwerer Tage vor der Seele steht. Es brüllt zunächst mit Aufbietung seiner Lunge in markerschütternder Weise und weigert sich verständlich und bestimmt, seinen Nacken der Bürde zu bieten. Es fügt sich ins Unvermeidliche, nicht aber mit Ergebung und Entsagung, sondern mit allen Zeichen der im höchsten Grade gestörten Gemütlichkeit, mit Augenverdrehungen, Zähnefletschen, mit Stoßen, Schlagen, Beißen, kurz, mit beispiellosem Ingrimme. Endlich scheint die Lunge erschöpft zu sein. Aber nein: es werden bloß andere Stimmen gezogen und in gräulicher Folge andere Weisen angestimmt.»

Das scheinen doch wirklich dumme Tiere zu sein, die sich dermaßen störrisch anstellen! Oder ahnen sie, wie viele quälende Tage unter der glühenden Wüstensonne, in peitschenden Sandstürmen

In langer Reihe laufen die Tragkamele der Karawane mit schweren Lasten.

unter dem schweren Gepäck ihnen bevorstehen? Fühlen sie bereits, welch brennender Durst sie quälen wird, wie es wieder zu wenig zu fressen geben wird? Haben sie schon vor dem inneren Auge, wie zusammenbrechende Kamele unterwegs einfach liegen gelassen werden und wie die Aasgeier sich aus schwindelnden Höhen auf das tote Kamel herabstürzen, ihm mit ihren furchtbaren Schnäbeln den Leib aufreißen, ihre Köpfe mit den nackten Hälsen in die Höhle der Eingeweide stecken und gierig verschlingen, was dort zu finden ist, bis schließlich nur noch ein bleiches Gerippe im Wüstensand zurückbleibt? Recht haben sie, die Kamele, und gar nicht dumm ist es, wenn sie sich weigern, eine solch quälende Strapaze auf sich zu nehmen!

Wenn sie dann erst einmal unterwegs sind, fügen sie sich ins Unvermeidliche und setzen unbeirrbar Schritt vor Schritt mit einer unglaublich zähen Ausdauer. Trotz des schweren Gepäcks laufen sie fünf Kilometer in der Stunde und an einem Tag oft 60 Kilometer, ein trainiertes Reitdromedar ohne Last sogar 120 Kilometer! Und eine Karawanentour kann 1000 Kilometer lang oder länger sein. Bevor es Autos gab, waren Kamelkarawanen die einzige Möglichkeit, die Sahara von Algier bis Timbuktu oder Tamanrasset zu durchqueren, und heute noch tragen Karawanen Salz aus dem Inneren der Wüste durch besonders unwirtliche Gebiete der Sahara, wo es keine Autopisten gibt. Der Abenteurer und Kamelkenner John Hare berichtet von seinen zahlreichen Expeditionen in öde und furchtbare Wüsten: «Ich entdeckte, dass die Kamele mich an Plätze führen konnten, die für die bestausgerüsteten und geländegängigsten allradgetriebenen Fahrzeuge unerreichbar waren. Sie sind im Stande, die scharfen, spröden Lavaströme im Norden Kenias zu überqueren, ein Gelände, in dem ein Pferd sofort lahmte und die Reifen eines Fahrzeugs in Sekundenschnelle zerrissen wären. Als ich mit meinen Kräften fast am Ende war, widerstanden sie noch wohlgelaunt der großen Hitze, und im weichen Sand ausgetrockneter Flussbetten glitten sie so schnell dahin, dass ich meine liebe Not hatte, mit ihnen Schritt zu halten.» Nur Kamele können das. Warum?

Wer Kamele nach einer langen Karawanenreise hat fressen sehen, glaubt vielleicht, dass sie überaus verfressene Tiere sind, die nichts als Fressen kennen – solche Massen an Heu oder Getreide schlingen sie in sich hinein. Auf einer Kamelreise durch die Wüste aber gibt es keine großen Mengen zu fressen. Die Kameltreiber führen in den Kamellasten stets etwas Hirse mit sich oder Mais, den sie den Kamelen am Ende eines langen Tages in einem Tuch darreichen. Dann aber müssen die Kamele, sobald die schweren Traglasten abgeschnallt sind, sich

Manchmal sind die Wasserstellen für die Kamele sehr klein.

selber auf die Suche machen. Ein paar Pflänzchen bitterer Wermut, den alle anderen Tiere verschmähen; die salzigen Zweige der Wüstentamariske, ein Busch voller Dornen, an den sich kein anderes Tier herantraut, aus Angst, sich Lippen und Zunge zu zerstechen – das ist die Nahrung, mit der Kamele auskommen. So genügsam können sie sein. Kommt die Karawane durch ein Dorf, so räumen die Bewohner eiligst alle geflochtenen Körbe und Schüsseln fort, denn selbst diese genügen den Kamelen als Nahrung. Sogar das dürre Gras, mit dem die runden Hütten gedeckt sind, versuchen sie herunterzureißen.

Akazien haben fingerlange, dolchspitze Dornen, die leicht einen Autoreifen durchstechen oder auch eine Stiefelsohle bis durch den Fuß und das Oberleder durchlöchern. Kamele aber fressen einen kleinen

Akazienbusch oft ratzeputz ab, sodass nichts davon übrig bleibt – ohne sich an den horrenden Dornen zu stören.

Eine solch anstrengende Karawanenreise, auf der es nur derart karges Futter gibt, hält allerdings auch ein Kamel nur durch, wenn es vorher mehrere Wochen lang gut gefüttert wurde, sodass es sich einen ordentlichen Vorrat anfressen konnte. Diesen Vorrat speichern die Kamele im Höcker auf dem Rücken. Bis zu 15 Kilogramm Fett passen in einen Höcker. Dann ist er prall und hoch aufgerichtet. Am Ende einer langen Reise wiegt er nur noch zwei Kilogramm und ist so zusammengeschrumpft, dass er unter dem dicken Fell kaum noch zu erkennen ist. Der Höcker ist also wie ein Rucksack, in dem die Vorräte für eine lange Zeit getragen werden – eine wunderbare Einrichtung für lange Reisen in den kargen Wüsten! Da braucht man sich aber auch nicht zu wundern, wenn ein ausgezehrtes Kamel nach langer Entbehrung am Ende einer Karawanenreise sich den Bauch vollschlägt.

Auch scheinen Kamele unmäßige Säufer zu sein. Sieht man, wie ein Kamel Wassereimer nach Wassereimer voll – 150 Liter in 10 Minuten – austrinkt, so kann einem ganz schwindelig werden.

Aber auch darin sind Kamele sehr genügsam, sofern sie unterwegs sind. Wenn sie viel frisches Gras oder grüne Blätter fressen, müssen sie gar kein Wasser trinken. Finden sie diese nicht, können sie volle 17 Tage lang dursten. Ein Mensch dagegen kann bei mäßigen Temperaturen nur zwei Tage, bei den heißen Wüstentemperaturen gerade noch 20 Stunden ohne Wasser auskommen. Dann verdurstet er!

Durstige Kamele riechen mit ihrer feinen Nase eine Wasserquelle schon, wenn sie noch Kilometer entfernt sind. Auch erinnern sie sich gut an alle Wasserlöcher auf einer Karawanenstrecke. Dann müssen sie die Kameltreiber mit viel Mühe und Schreien festhalten, denn die Kamele würden rennen, bis sie die Wasserstelle gefunden haben, und könnten eine kleine Wasserstelle schnell zu einem breiigen Lehm zertrampeln. Sind sie aber angekommen, schlürfen sie lange und ausgiebig.

Früher hat man geglaubt, dass Kamele bestimmte Wassersäcke in sich haben, so wie sie den Fetthöcker haben, aber das stimmt nicht. Wie aber ist es möglich, dass ein Kamel so lange dursten kann?

Nun, zum einen produzieren die Kamele selbst Wasser, wenn sie das Fett aus ihrem Höcker im Körper umwandeln.

Zum anderen schwitzen sie sehr wenig, wodurch wir Menschen ja ein bis zwei Liter Wasser am Tag verbrauchen, in der Wüste sogar einen Liter pro Stunde. Weil sie so wenig schwitzen, bleibt ihr Körper nicht so gleichmäßig warm wie unserer. Er wird tagsüber viel heißer, bis 40°C, und kühlt nachts stärker, bis auf 34°C ab. Nach der oft kalten Wüstennacht sind die Kamele morgens noch sehr klamm und steif und wollen sich erst bewegen, wenn es wärmer wird. So ist es kein Wunder, wenn die Kameltreiber morgens eine elende Mühe mit den unwilligen Kamelen haben.

Auf dem Rücken tragen sie ein dichtes Fell, einen fünf bis zehn Zentimeter dicken Filz, der sie nicht nur vor nächtlicher Kälte, sondern auch davor schützt, allzu heiß zu werden – wie sich ja auch die Beduinen durch eine dicken wollenen Burnus schützen, oft sogar durch mehrere übereinander. Und auch der Fetthöcker hält die Sonnenhitze von dem Körper ab. Gut, dass er oben auf dem Rücken sitzt und nicht am Bauch!

Wasser sparen und Wasser selbst herstellen ist also das Geheimnis, warum Kamele so lange dursten können. Wer so ausdauernd Hunger und Durst ertragen kann, dass durch ihn erst gewaltige Steppen- und Wüstenländer bewohnbar werden, der darf dann wohl auch scheinbar gierig und unmäßig fressen, saufen und brüllen.

Auch die Füße des Kamels sind wie für die Wüste geschaffen. Sie treten wie alle Paarhufer nur mit zwei Zehen auf, die übrigen sind zurückgebildet. Diese Zehen tragen aber breite, dichte, weiche und gepolsterte Hornschwielen, sodass sie im Sand nicht versinken und weich federnd auftreten.

Mit ihren langen, hohen Beinen schreiten die Kamele mit großen Schritten weit aus. Dabei gehen sie im Passgang, bewegen also immer beide Beine der einen Seite gleichzeitig. Besonders beim normalen Schreiten entsteht ein so stark schwankender Gang, dass das Kamel auch den Namen «Wüstenschiff» erhalten hat. Mancher Reisende ist schon nach kurzer Zeit von diesem Schwanken seekrank geworden, sodass er lieber abgestiegen und nebenher gelaufen ist! Im Trab gleichen sich die Stöße und Schwankungen etwas aus, sodass man auch große Strecken zurücklegen kann. Mit diesem Gang kann das Kamel fabelhaft über große Ebenen oder wenig gebirgige Gegenden laufen. Geht es aber steil den Berg hinauf oder hinab, wird es unsicher. Bergab schiebt sich dann das Hinterteil zu schnell nach vorne, besonders wenn es noch die schweren Traglasten aufgeschnallt hat, sodass es plötzlich zusammenbrechen kann. Alle Karawanen, die an ein Gebirge kommen, das sie nicht umgehen können, laden daher ab und packen die Lasten auf Esel, die im Gebirge viel besser laufen, auch wenn sie nicht so viel tragen können. Daher gab es an allen Karawanenstraßen am Gebirgsfuß Karawansereien mit Eseln.

Ein gutes Lastkamel kann drei bis vier Zentner Lasten tragen, dazu manchmal noch den Treiber. Natürlich kann es dann nicht auch noch Brennholz für eine mehrwöchige Reise schleppen. Auch ist Holz in der Wüste naturgemäß selten und eine Kostbarkeit. Um abends den Tee und das Essen zu kochen, nimmt man daher gar kein Holz, sondern sammelt den Kamelmist, der in der Hitze des Tages trocknet. Abends macht er dann ein gutes Feuer. So wird in der Wüste nichts verschwendet.

Wenn das Kamel sich abends zur Ruhe legt – und das ist eine schaukelnde Angelegenheit –, hat es kein Kissen, wie Hund oder Katze zu

Hause. Doch überall, wo es beim Liegen den Boden berührt, bilden sich dicke Hornschwielen: an der Brust, an Knien und Fersen, an Hand- und Fußgelenken. Darauf liegt es wie auf einem eigenen Kissen, einem an ihm selbst festgewachsenen Kissen. So lässt es sich auch in der Wüste bequem schlafen.

In einem Handbuch über das Kamelreisen heißt es ganz vorne: «Wenn Sie lebend aus der Wüste zurückkommen wollen, dann sollten Sie dafür sorgen, dass Ihre Kamele nachts gut festgemacht sind.» Man fesselt die Vorderfüße der Kamele daher locker zusammen, sodass sie zwar laufen, aber nicht rennen können. Warum? Nun, in der Wüste passiert es oft, dass ein Sandsturm, der gefürchtete Samum, herannaht. Bevor ein Mensch etwas davon ahnt, haben ihn die Kamele mit ihren feinen Nasen und Ohren schon gewittert und gehört. Dann laufen sie davon, immer schneller, bis sie irgendwo Schutz hinter einem Felsen oder wenigstens einer Düne finden. Dort werfen sie sich flach auf den Boden, mit dem Kopf vom Wind abgewendet. Der Samum, dessen ockergelbe Sandsturmwolken selbst die gleißende Mittagssonne erst ockerbraun färben, dann völlig verdunkeln, braust mit Gluthitze und scharf geblasenem Sand vorüber. Durch ihr dickes Fell sind die Kamele besser geschützt als die Menschen, die sich zwischen ihnen oder unter den Traglasten verbergen, bis der Sturm vorüber ist. Manche Karawane ist aber auch schon vom Sandsturm verschüttet worden oder ist verdurstet und anschließend von den Geiern gefressen worden. Manch einer hat es feige genannt, dass das Kamel so schnell davonrennt. Aber wie klug ist es doch und gar nicht feige, wenn es den Sandsturm rechtzeitig wittert und ihm vielleicht entgehen kann! Dazu braucht es nicht nur eine sehr feine Nase, die es notfalls fest verschließt, sondern es ist auch gut, diese Nase möglichst weit weg vom Boden zu halten, wo immer Sand und Staub wehen. So trägt das Kamel seine Nase oft höher als Augen und Ohren. Wenn ein Mensch dies tut, so nennen wir ihn hochnäsig oder arrogant. Und mancher beschimpft wohl auch das Kamel so.

Aber sagt selbst: Ist es in der Wüste nicht besser, die Nase hoch zu halten, als seine Nase hängen zu lassen oder in alles hineinzustecken?

Schon im alten Ägypten, vor 5000 Jahren, hat man Reitkamele gehalten. Seither sind ganz unterschiedliche Kamelrassen gezüchtet worden. Über 20 verschiedene unterscheidet man: Die schweren, kurzbeinigen und plumperen Rassen arbeiten als starke Tragkamele, besonders die großen Trampeltiere. Zum Reiten nimmt man leichte, schlanke und langbeinige Rassen, die zwar keine Lasten tragen können, aber schnell und ausdauernd laufen. Sie sind zwar nicht so schnell wie ein galoppierendes Pferd, aber weil sie so lange und unermüdlich traben können, überholen sie am Ende doch jedes Pferd. Ein edles Reitkamel ist der Stolz seines Reiters. Selbst gegen hundert Tragkamele tauscht er es nicht ein!

«Hedjins» sind schnelle Expresskamele Nordafrikas, die in Stationen mit Tagesentfernung gehalten wurden, wie bei uns früher die Postpferde. Das war, vor Erfindung der Telefons, die schnellste Art, Nachrichten zu überbringen. Auch der Prophet Mohammed, der eiligst aus Kairo nach Alexandrien fliehen musste, nahm ein «Hedjin». So kam er schon nach 12 Stunden an – eine Strecke, für die er zu Fuß sicher vier oder fünf Tage gebraucht hätte.

Die edelsten Reitkamele heißen in Nordafrika «Mehari». Auf diesen edlen, weißen, schlanken Renntieren treffen sich die Touaregs Nordafrikas einmal im Jahr zu den farbenprächtigen Reiterwettkämpfen, den Fantasias, in Tamanrasset. Hier sieht man die schönsten und prächtigsten Kamele.

Wilde Kamele gibt es kaum noch: Nur im Inneren der lebensfeindlichen Wüste Gobi, wo es in einem Gebiet von der Größe Deutschlands keine einzige Süßwasserquelle gibt, leben noch einige wilde Trampeltiere. Sie sind grauer und etwas kleiner als die dortigen Hauskamele. Selbst mitten in der Wüste werden sie noch von skrupellosen Jägern verfolgt. Nur ein Schutzgebiet kann die letzten Wildkamele retten.

Zum Schluss noch etwas über die jungen Kamele: Nur alle zwei Jahre bringt eine Kamelstute ein Junges zur Welt. Es wird mit dem Kopf voran und mit offenen Augen geboren. Anfangs ist es noch ganz hilflos, aber die Mutter stupst es mit ihrer weichen Nase zärtlich an, bis es staksbeinig aufsteht und das Euter der Mutter sucht. Ein ganzes Jahr lang wird es gesäugt, doch frisst es schon nach einer Woche etwas trockenes Gras dazu.

Wenn eine Kamelmutter ihr Junges nicht annehmen würde oder es nicht trinken lassen würde, müsste es verhungern. Die mongolischen Kamelzüchter rufen in solch einem schlimmen Fall einen Musiker, der auf seinen traditionellen Instrumenten eine alte, überlieferte Musik spielt, welche die Kamelmutter beruhigt und sie ihr Junges annehmen lässt.

Die Kamelkälber laufen bald der Mutter nach – auch auf den langen Karawanenreisen. Mit etwa drei Jahren lernen sie, Lasten oder Reiter zu tragen. Behandelt man sie dabei schlecht, werden sie bockig, schlagen aus, brüllen oder spucken ihren stinkenden Mageninhalt über den Menschen. Geht man mit ihnen aber verständnis- und liebevoll um, so werden sie aufmerksame und zuverlässige Helfer des Menschen in den furchtbarsten und gefährlichsten Gebieten der Erde.

Ein dummes Kamel? – Ich glaube, wer weiß, welche großartigen Leistungen Kamele vollbringen, bekommt Bewunderung und Hochachtung vor ihnen und versteht, weshalb sie sich manchmal so eigenartig benehmen.

Das Rotkehlchen

Das Rotkehlchen ist ein Vogel, den man nie mehr verwechselt, wenn man ihn einmal wirklich gut angeschaut hat. Seine Kehle und Brust leuchten so orange und so kräftig hervor, als trügen sie eine Feuerflamme auf den Federn. Dreht das Rotkehlchen sich aber um, so sehen wir nur seine graubraunen Rückenfedern, die altem raschelndem Laub unter den Buchen gleichen, wo das Rotkehlchen gerne umherhüpft, denn oft finden wir es am Erdboden.

Eigentlich ist es nur ein winziges, kugelrundes Federbüschel, aus dem hinten die braunen Schwanzfedern und vorne ein kleiner Kopf ohne Hals und ein zierlicher kleiner Schnabel herausschauen. Und die schlanken, langen Füßchen übersieht man beinahe, so dünn sind sie. Sie müssen auch nicht viel tragen: Selbst wenn das Rotkehlchen den Bauch voller Würmer hat, wiegt es nur gerade 20 Gramm, so viel wie ein Brief.

Und doch sind sie kräftig, die schlanken Beine, denn auf ihnen hüpft das Rotkehlchen von einem trockenen Blatt zum anderen, pickt es hoch, sucht nach einem Würmchen, hüpft weiter, sammelt hier eine Blattlaus ab, hüpft zum Bach, wo es ein kleines Krebschen herauszieht, und hüpft wieder weiter. Es hüpft viel lieber am Boden entlang – selbst von Zweig zu Zweig hüpft es lieber, als dass es fliegt –, und so bleibt es immer ein bisschen versteckt.

Aber zum Singen fliegt es gerne auf einen Strauch oder einen Baum, und dann leuchtet seine orange Kehle weithin wie ein Leuchtfeuer. Und noch weiter leuchtet sein klarer Gesang: Es tschilpt nicht wie Spatzen oder krächzt wie Krähen, nein, das Rotkehlchen ist ein wunderbarer Sänger! Zart und rein singt es eine Strophe nach der anderen,

Wie alle unsere Vögel braucht das Rotkehlchen Wasser, um zu trinken – aus dem Bach oder aus der Vogeltränke im Garten.

und jede klingt anders. Nie wiederholt es sich, wie der Buchfink, der immer dasselbe Lied singt. Immer wieder ist die Strophe neu. Manchmal macht es sogar einen Buchfinken nach oder eine Kohlmeise. Und doch erkennt man seinen Gesang sofort: Er klingt, als rollten schimmernde Perlen über dunkelblauen, weichen Samt oder als sprühten die funkelnden Tropfen eines Wasserfalls über weiches Moospolster. Oft findet man den Sänger nicht gleich, sucht man ihn mit den Augen, denn sein Gesang tönt so leicht, dass man immer zuerst in die oberste Spitze des Baumes schaut, selbst wenn es weiter unten singt.

So unauffällig das Rotkehlchen am Boden entlanghüpft, so auffällig wird es, wenn man es stört: Wenn es ein anderes Rotkehlchen zu nahe an sein Nest herankommen sieht, so fliegt es ihm mit brennend roter Brust entgegen und vertreibt den Eindringling. Selbst gefährliche Tiere wie den riesenhaften Uhu tixt es zornig an, um ihn zu vertreiben. Auch Ratten oder Wieseln, die das Nest plündern wollen, fliegt es todesmutig entgegen, schnickert und tixt laut und sträubt die Federn seiner orangeroten Kehle auf, um das Wiesel vom Nest abzulenken. Ist ihm das geglückt, so fliegt es im letzten Moment vor der Nase des Wiesels auf einen sicheren Strauch und das Wiesel hat das Nachsehen! Ein tapferes kleines Kerlchen, das Rotkehlchen!

Wenn der Gärtner mit dem Spaten ein Beet umgräbt, hüpft das Rotkehlchen oft ganz nahe heran, schaut aus seinen klugen schwarzen Knopfaugen, ob alles in Ordnung ist, und holt sich dann eine Assel oder einen Regenwurm aus den glänzenden Erdbrocken. So kann es mit dem Menschen ganz vertraut werden.

Das Rotkehlchen lernt aber auch schnell, Nahrung zu finden, die gar nicht für es bestimmt ist: Als früher in England morgens vor die Haustüren offene Milchflaschen gestellt wurden, merkten die Rotkehlchen sehr bald, dass sie diese leckere Milch trinken konnten. Als man daraufhin Aluminiumdeckel auf die Flaschen setzte, schafften sie es wenig später, den Deckel zu öffnen. Sie sind wirklich nicht dumm!

Ihr Nest bauen Rotkehlchen sehr versteckt. Meist legen sie es im Wald an, am Fuße eines dichten Gebüsches, zwischen Wurzeln oder in einer Baumhöhle, manchmal aber auch im Garten in einer liegen gebliebenen Gießkanne. Nur drei Tage braucht das Rotkehlchen, um das kleine Nest aus Zweigen und über 300 Blättern zu bauen. Manchmal geht es sogar noch schneller. Als ein Gärtner einmal seine Gärtnerschürze mittags an einen Haken der Schuppenwand hängte, war, als er am Nachmittag zurückkam, in der Schürzentasche bereits ein gerade fertig gewordenes Nest. So flink ist der kleine Vogel!

In das fertige Nest legt das Rotkehlchenweibchen fünf bis sechs rahmweiße Eier mit kleinen braunen Flecken und bebrütet sie zwei Wochen lang, während das Männchen es füttert. Dann schlüpfen die Jungen, sie müssen noch lange gefüttert werden. Der Tag, an dem sie zum ersten Mal ausfliegen, ist der spannendste und gefährlichste:

Vogelbeeren sind eine leckere und wichtige Nahrung für Rotkehlchen im Winter.

Mit einem Sprung müssen die Kleinen aus dem Nest heraushüpfen und dann gibt es kein Zurück mehr! Wenn ein Junges verloren geht, wird es aber manchmal von einer anderen Rotkehlchenfamilie aufgenommen.

Im Herbst und Winter fressen die Rotkehlchen besonders gerne die orangeroten Beeren und die karminroten Früchte des Pfaffenhütchens, das deswegen auch Rotkehlchenbrot heißt. Ob sie es wohl wegen der orangeroten Farbe so gerne mögen? Ich glaube schon! Sie fressen aber auch die dunklen Holunderbeeren, Brombeeren und Efeubeeren.

Wenn sie keine Beeren mehr im Garten finden, ziehen die Rotkehlchen fort, manche ziehen sehr weit, bis nach Frankreich, Spanien,

Marokko oder Israel. Sie fliegen dann nachts. Wie aber finden sie in der Nacht nach Spanien oder Marokko – und wie wieder zurück? Nun, sie schauen nach den glänzenden Sternen. Sie schauen, wo der große Bär steht und wo Orion, der große Jäger, und dann wissen sie, wo sie hinfliegen müssen. Keiner von uns wüsste, wie er nur mit Hilfe der Sterne nach Marokko kommen könnte – die Rotkehlchen aber wissen es. Und wenn Wolken vor den Sternen ziehen und diese gar nicht zu sehen sind? Dann spüren sie am Magnetfeld der Erde, wo sie gerade sind und wo Marokko liegt und wo sie hinfliegen müssen. Wie sie das machen? Kein Mensch weiß es. Aber das Rotkehlchen kann es. Tolles Kerlchen!

Wenn es aber im späten Herbst noch immer genügend Beeren findet, dann bleibt es auch den ganzen Winter über hier, denn eigentlich ist es gerne in der Nähe des Menschen. Und im Winter kommt es oft besonders nahe an das Futterhaus heran. Nie aber drängelt es. Flink hüpft es heran, pickt etwas auf und hüpft ebenso flink wieder davon.

An schönen Tagen singt es sogar im Winter! Anders als andere Vögel, die nur im Frühling singen, singt es auch im Herbst und ein bisschen im Sommer und eben sogar im Winter. Am Rotkehlchen kann man sich eigentlich immer freuen!

Wer einen Garten hat, kann auch dafür sorgen, dass das Rotkehlchen sich freuen kann: Er kann Rotkehlchenbrot pflanzen und andere Beerensträucher, kann eine Wasserstelle zum Baden aufstellen und vielleicht einen Nistkasten. Sonst nimmt das Rotkehlchen vielleicht doch die Gießkanne.

Moschusochsen

1   Vor sehr langer Zeit, in der Eiszeit, als es bei uns noch so kalt war, dass Norddeutschland unter einer mächtigen Schicht von Gletschereis lag, das selbst im Sommer nicht abtaute, da lebten sie wohl auch bei uns, die eigenartigen Tiere, von denen ich berichten möchte. Aber als es dann wärmer wurde, so warm, wie es jetzt ist – und das kommt uns ja gar nicht *so* warm vor – da wurde es diesen Tieren schon viel zu warm. Und sie wanderten dorthin, wo es auch heute noch Eiszeit gibt: nach Grönland, nach Alaska und Nord-Kanada. Auch in einem Berggebiet in Nord-Norwegen gibt es heute eine Herde.

2   Dorthin fuhren wir in einem schönen Sommer, um sie zu suchen. Das Dovrefjell, so heißt das Berggebiet, ist an einem sonnigen Sommertag wunderschön. Der Blick schweift weit über die flachen grünen Hügel und die sanften Täler mit ihren sprudelnden Bächen. Kein Wald, kein Baum und kein Strauch stören den Blick, nur niedrige Heidekräuter, ein bisschen Gras mit Butterblumen und viele Flechten wachsen hier, sonst nichts. Wir wanderten in Gummistiefeln viele Stunden lang, ohne etwas anderes zu sehen als die grünen Hügel und den blauen Himmel. Die ersten Ungeduldigen waren schon wieder umgekehrt. Da sahen wir endlich einige winzig kleine braune Pünktchen. Und im Fernglas erkannten wir, dass das unmöglich braune Felsen sein konnten, denn hier waren alle Felsen grau. Das mussten sie sein!

3   Nun schlugen wir einen großen Bogen, dass uns der Wind entgegenkam und uns nicht vorzeitig verraten konnte. Nach einem langen Marsch hatten wir sie schließlich erreicht und versteckten uns erst einmal hinter einem Felsbrocken, von wo aus wir sie gut beobachten konnten:

Als wir vorsichtig über den Felsen hinaus lugten, sahen wir die kleine Herde, sechs Moschusochsen, vor uns.

Einige lagen gemütlich in der Wiese, andere fraßen Gras und passten gut auf. Moschusochsen sind große Tiere, so hoch wie ein Viertklässler, aber bis über zwei Meter lang. Sie haben ein ganz unglaubliches Fell: tiefdunkelbraun, fast schwarz, und nur die alten Bullen haben eine hell-beige Stelle auf dem Rücken wie eine Satteldecke.

Die Unterwolle des Fells ist zwei Handbreit dick und achtmal so warm wie Schafwolle. Die Oberwolle hüllt Augen, Ohren, Nase, Bauch und sogar die Zehen so dicht ein, dass nichts mehr herausschaut. Bis zu 90 Zentimeter lang sind die Haare und reichen bis zur Erde hinab. Mit solch einem wunderbaren Pelz halten sie sogar den grönländischen Winter aus, und das sind oft –50 °C und dazu eisigsten Schneesturm. Wenn es ihnen gar zu viel wird, drehen sie ihr Hinterteil gegen den Wind, legen sich hin und lassen sich einschneien – manchmal bis obenhin. Wenn der Sturm vorbei ist, schütteln sie ihren Pelz, schnauben und prusten und kommen aus ihrer Schneewehe wieder heraus.

Nun hat man gedacht, man könne die Moschusochsen scheren wie Schafe, um diese wunderbare Wolle zu erhalten. Aber ohne ihren Pelz erkälten sich die Tiere, bekommen Lungenentzündung und sterben. Denn eigentlich sind sie dünn wie die Ziegen, mit denen sie auch verwandt sind. Nur ihr Pelz macht sie so groß und hält sie warm.

Ihr glaubt vielleicht, im Sommer müssten sie schwitzen. Aber auch im Sommer gefällt er ihnen gut. Natürlich tragen sie dann ein leichteres Sommerfell. Aber auch durch dessen noch dicke Wolle können all die lästigen Stechmücken und Bremsen nicht stechen. Und wer von euch schon einmal in Lappland war, weiß, wie scheußlich diese pieksen können und wie gut es ist, ganz und gar geschützt zu sein.

Eigentlich sind Moschusochsen friedliche Tiere, die niemandem etwas tun. Aber sie fürchten auch nichts und niemanden, nicht Wölfe,

Das dichte Fell der Moschusochsen reicht fast bis auf den Boden.

nicht Vielfraße und auch keine Menschen. Wir wussten sehr wohl, warum wir uns hinter dem Felsen versteckt hielten.

Wenn ein Wolf oder ein Vielfraß ihnen oder gar ihren Kälbchen zu nahe kommt, so springen die Großen ganz flink alle zusammen. Zwar sehen sie schwerfällig aus, springen aber leichtfüßig wie Ziegen. Dann bilden sie – Schulter an Schulter zusammengerückt – eine feste Schutzburg um die Kälbchen in der sicheren Mitte. Die Köpfe mit den gefährlichen Hörnern wenden sie nach außen, dem Wolf zu. Manchmal passiert es aber doch, dass in der Aufregung einer nicht aufpasst und mit dem Hintern nach außen steht, dann müssen ihn die anderen schnell zurechtstupsen.

Kein kluger Wolf würde es wagen, solch eine gut geschützte Burg anzugreifen. Sollte sich doch einmal einer zu nahe heranwagen, so stürmt plötzlich einer der großen Bullen mit gesenktem Kopf hervor

Für Moschusochsen sind die Augen nicht das Wichtigste. Dieser alte, zottelfellige Moschusochse kommt auch mit einem erblindeten Auge gut zurecht.

und spießt den Wolf auf die Hörner. Denn die Hörner sind direkt am Kopf nach unten gekrümmt, dann aber steil nach oben gebogen und spitz wie Dolche. Und mit ihren harten Hufen können sie den Wolf so kräftig treten, dass dieser es nicht noch einmal wagen wird, die Kälbchen zu bedrohen. Und wenn wir Menschen ihnen zu nahe kämen, würde es uns auch so gehen. Deswegen blieben wir lieber hinter unseren Felsbrocken versteckt.

Die Kälbchen werden im April oder Mai geboren, wenn manchmal noch Schneestürme heulen, aber oft auch schon die Sonne mild wärmend scheint. Es kann nachts noch so kalt werden, dass das Neugeborene erfriert, bevor es ganz trocken ist, wenn es nicht vom warmen kuscheligen Fell der Mutter gewärmt wird. Es sieht aus wie ein nasser Pudel, aber nach wenigen Minuten steht es schon auf und nach drei Stunden kann es laufen und der Mutter sogar voraushüpfen.

Wenn dann der Frühling kommt, es warm wird und alle reichlich Butterblumen fressen können, werden sie alle ganz ausgelassen. Nicht nur die Neugeborenen, sondern auch die alten Bullen und Großmütter beginnen zu spielen und im flachen Wasser eines Flusses herumzutollen: sie schütteln die mähnigen Köpfe, drehen sich im Kreis und knallen die Hörner gegeneinander oder auch gegen Felsen oder Treibholz im Fluss. So sehr freuen sie sich über den Frühling!

Und das geht uns Menschen nach einem langen Winter ja auch manchmal so.

Lahol, der Mornellregenpfeifer

Alle Vögel fliegen fort, wenn wir ihnen zu nahe kommen, alle, ob Tauben, Amseln, Möwen, selbst die kecken Spatzen, die dicht an unsere Parkbank heranhüpfen, wenn wir mit Keksen krümeln, schwirren tschilpend davon, wenn wir uns zu schnell bewegen oder gar aufstehen. Alle haben sie Angst vor uns. Und das finden wir ganz normal. Aber warum haben sie denn Angst, auch wenn wir ihnen gar nichts tun wollen? Haben sie so schlechte Erfahrungen mit uns Menschen gemacht? Das muss es wohl sein, und wahrscheinlich haben sie nicht vergessen, wie viele Nester schon ausgeplündert wurden, wie viele kleine Singvögel schon in Netzen gefangen wurden und wie viele Adler schon erschossen wurden.

Ein einziges Vögelchen gibt es, das keine Angst vor uns Menschen hat, obwohl es gar nicht besonders groß oder gar gefährlich ist. Sicher hat es noch niemand von euch gesehen, denn es lebt dort, wo fast nie ein Mensch hingelangt. Kein Mensch und kaum ein Tier lebt dort im Norden Lapplands, auf den flachen Kuppen des Fjells, wo keine Birken und keine Weiden mehr wachsen und nur ganz selten vielleicht ein Moschusochse sein Gras sucht, oder ein Vielfraß mit knurrendem Magen vorbeistreicht, ob er nicht eine Maus oder einen Lemming finde ...

Wenn du dort oben über das Fjell gehst, dann kann es wohl sein, dass du einmal ein schwaches «Wüüt-wüüt» hörst, dich umblickst und suchst, aber nichts siehst; noch einmal «Wüüt-wüüt» – wo kommt das nur her? – Und wenn du ganz viel Glück hast, siehst du dann in der Heide oder auf einem Stein sitzend ein hellbraunes Vögelchen, nicht größer als eine Hand, mit rot-brauner Brust und

Wach und aufmerksam blickt Lahol den Eindringling an.

schwarzem Bauch und mit einem zierlichen weißen Streifen über den Augen bis zum Hinterkopf wie ein kleines Krönchen – ein Vögelchen, das dich ansieht, als wolle es fragen: «Was willst du denn hier? Und wer bist du denn?»

Das ist Lahol – so nennen ihn die Finnen und Lappen. Bei uns heißt er der Mornellregenpfeifer. Wenn du dich nun fragst, warum der kleine Vogel gar nicht wegfliegt und du neugierig einen Schritt näher trittst, dann siehst du, dass etwas mit ihm nicht in Ordnung ist, sodass er gar nicht fliegen kann: Sein Flügel scheint gebrochen zu sein und ausgerenkt. Er hängt ganz verdreht zur Seite herab. Und auch das eine Bein lahmt, wenn Lahol mühsam einen Schritt vorwärts macht.

Auch piepst er so hilflos und jämmerlich, dass du näher gehst, um nachzusehen, was er hat. Da ist er aber schon ein paar Hüpfer weiter gehüpft und schaut dich aus seinen klugen, schwarzen Knopfaugen fragend an. Trotz seines ausgerenkten Flügels und seines lahmen Beines bleibt er dir immer ein paar Schritte voraus, wenn du ihm allmählich folgst. Und nach einer Weile, ohne dass du es bemerkt hast, bist du unten im Tal bei dem Weidengebüsch am Bach angelangt, weit weg von der Stelle, wo du Lahol zuerst getroffen hast. Und plötzlich fliegt Lahol einen großen Bogen und ist verschwunden. Was war denn nun mit seinem Flügel und seinem Bein?

Wahrscheinlich findest du die Stelle nicht wieder, wo du ihn das erste Mal getroffen hast, weil hier alles gleich aussieht. Wenn du aber morgen doch noch einmal an diese Stelle kommst, wirst du Lahol mit dem ausgerenkten Flügel und dem lahmen Bein wieder dort antreffen. Denn hier irgendwo in der Heide hat Lahol sein Nest und passt gut darauf auf. Aber es ist so gut versteckt und die drei Eier sind grünbraun gefleckt wie die Kiesel und die Flechten ringsum, dass du sie bestimmt nicht finden wirst. Darum musst du ganz still stehen bleiben, damit du sie nicht aus Versehen zertrittst. Und Lahol, der weiß, wie leicht du seine Eier zertreten könntest, wird dich wieder vorsichtig wegführen, wie gestern, bis du weit genug weg bist, dass keine Gefahr mehr besteht. So klug ist Lahol und so furchtlos! Mit dem Polarfuchs und dem ewig hungrigen Vielfraß macht er es nicht anders.

Der große schwedische Vogelforscher, Bengt Berg, der Geduld hatte, wie nur wenige Menschen, war so entzückt von dem kleinen Lahol, dass er viele Wochen lang jeden Tag trotz Regen und Sturm auf das Fjell hinaufstieg und nicht aufhörte zu suchen, bis er einmal ein Nest mit den drei gefleckten Eiern des Mornellregenpfeifers gefunden hatte. Er zog seine Jacke aus und legte sie hin, und als er am nächsten Tag wiederkam und die Jacke und das Nest wiederfand, kam er so vorsichtig näher, dass Lahol sitzen blieb und sich gar nicht stören ließ. Und am nächsten Tag kam er noch näher an Lahol heran. Und schließlich kam er so nahe, dass er ihm einen Regenwurm hinhalten konnte, den Lahol gerne aufpickte und verschlang. Ja, nach einigen Wochen konnte er ihn sogar streicheln und seine Hand unter das Nest schieben, ohne dass Lahol davonflog. Schließlich brütete Lahol ganz zutraulich in Bengt Bergs Hand, ließ sich füttern und hatte kein bisschen Angst.

Wer hätte gedacht, dass ein kleiner, wilder Vogel, der jederzeit wegfliegen könnte, so zutraulich und so furchtlos sein könnte?

Was meint ihr, ob es daran liegt, dass Lahol der Vater ist, der ganz alleine die Eier ausbrütet und später die Kinder ausführt, während die Mutter längst irgendwohin verschwunden ist? Ich glaube das nicht! Ich glaube, dass mancher Vogel so furchtlos und zutraulich sein könnte, wenn er noch nie schlechte Erfahrungen mit uns Menschen gemacht hätte. Aber ich glaube auch, wir müssten viel Geduld aufbringen, um ihnen zu zeigen, dass wir ihnen nichts tun wollen und dass wir sie wirklich gerne haben.

Der Fuchs

Aus dem rundlichen, dicht und rotbraun bepelzten Gesicht ragt die weiß gerandete Schnauze hervor: so lang und schmal, dass man kaum glauben mag, dass sie zu diesem Kopf dazugehört. Spitz und immer spitzer läuft sie auf die schwarz glänzende, immer feuchte Nase zu. Wenn diese Nase so gut riechen kann, wie sie aussieht, dann steckt ihr Besitzer sie sicher mit Vorliebe und Vergnügen in jedes Mauseloch und wittert an jeder Hasenspur. Und tatsächlich: Er riecht nicht nur, sondern stellt auch fest, dass es eine Hasenspur ist und ob sie von einem gesunden oder verletzten Hasen stammt. Soll er die Spur verfolgen und hinter dem Hasen herlaufen? Wäre er ein Hund, so würde jetzt sein Schwanz aufgeregt hin- und herwedeln. Seiner aber bleibt ganz ruhig; nur das alleräußerste, weiß behaarte Spitzchen des langen, buschigen Schwanzes zuckt nervös und verrät, wie neugierig und gespannt er ist. Und doch bleibt er vorsichtig, sehr vorsichtig, denn wer weiß, ob diese Hasenfährte nicht wieder die Falle eines Jägers ist?

Die Neugierde in der Nase, die Vorsicht bis in die Schwanzspitze, dazwischen ein lang gestreckter, schlanker Körper, der auf kurzen Beinen manchmal mehr tänzelt und hüpft, als dass er läuft: das ist der Fuchs.

Wo ist er zu Hause, der Fuchs, der den Beinamen «Reineke» oder «Reinhart» trägt, was übersetzt «der durch seine Schlauheit Unüberwindliche» heißt? In ganz Europa, Asien und Nordamerika finden wir ihn. Doch seine eigentliche Heimat ist sein Bau, der Fuchsbau: eine unterirdische Burg mit mehreren Wohnhöhlen, die vorsichtshalber mehrere Ausgänge hat. Sollten im schlimmsten Fall einmal die Jagdhunde durch den einen Eingang hereinkommen, so kann er immer noch flugs

Sein dichter, buschiger Pelz hält den Fuchs auch im Winter mollig warm.

durch einen anderen Ausgang entwischen. Große und alte Baue haben 10, sogar 15 Ausgänge, die stets für eine Flucht bereit und in Ordnung gehalten werden.

Den Bau, etwa unter einer alten Eiche, hat der Fuchs mit seinen Pfoten selber gegraben, oder er hat ihn vom Dachs übernommen, der mit seinen scharfen Krallen und breiten Pranken ein noch besserer Gräber ist. Manchmal teilt er sich auch einen großen Bau mit einer Dachsfamilie. Sogar Kaninchen, Iltisse oder Katzen leben manchmal mit im Fuchsbau. Hier herrscht Burgfriede. Außerhalb des Baues aber würde der Fuchs jedes unvorsichtige Kaninchen schnappen. Wenigstens einer der Ausgänge führt immer nach Süden hinaus auf eine sonnenbeschienene, offene Stelle, wo der Fuchs sich gerne ausstreckt, räkelt und sich die Sonne auf sein dichtes, buschiges Fell scheinen lässt. Oft verschläft er aber auch den ganzen Tag unten in seinem Bau und wird erst wach, wenn draußen die Sonne untergeht. Selbst wenn es dunkel ist, wartet er noch eine Weile, denn noch immer sind Menschen unterwegs. Dann aber verlässt er seine Höhle und läuft in lockerem Trab los:

Leichtfüßig setzt er immer einen Fuß vor den anderen, wodurch sein schlanker Körper nicht schwankt, sondern gerade und zielstrebig vorankommt. Die Abdrücke seiner Pfoten liegen deshalb nicht in zwei Reihen, wie beim Bären oder beim Wildschwein (und auch beim Menschen), sondern einer hinter dem anderen in einer Reihe, aufgezogen wie auf eine Schnur. Wenn er so läuft, sagt der Jäger deshalb: «Der Fuchs schnürt.»

Er kennt den Wald und die Felder hinter seinem Bau und läuft auf vertrauten Pfaden, die er selbst ausgetreten hat. Zuerst geht es zur Waldwiese, wo die Wühlmäuse oft so unvorsichtig sind. Seine großen, hoch aufgerichteten Ohren wenden sich nach vorne, haben sie doch ein feines Rascheln erlauscht. Ein tänzelnder Satz, einmal mit der Schnauze in das Mauseloch geschnufft – und schon hat er die erste Maus gefasst und schlingt sie als Ganzes hinunter. Die Kurzgraswiese mit den vielen Regenwürmern lässt er links liegen: So groß ist die Not noch nicht, dass er die kleinen Würmer jetzt fressen wollte. Stattdessen schnürt er an der steilen Felswand vorbei, wo er eine abgestürzte tote Krähe findet, die er hastig verschlingt.

Auf dem Weg durch das Himbeergesträuch stellt er sich auf die Hinterbeine, streckt sich ganz lang und pflückt vorsichtig mit Schnauze und Zunge eine rote Beere von ihrem weißen Fruchtstiel, dann noch eine. Auch einige Hagebutten und herabgefallene Wildäpfel verdrückt er. Bald ist er satt, und als er am Teich vorbeikommt, zerbeißt er zwar

Hier ist der Fuchs entlang «geschnürt».

einer halbwüchsigen Ringelnatter das Rückgrat, verscharrt sie dann aber für schlechtere Tage. Jetzt, mit vollem Magen, stattet er dem nahe gelegenen Bauernhof keinen Besuch ab. Zwar gibt es dort eine große, fiepsende Schar frisch geschlüpfter Hühnchen, aber auch einen wütenden Hofhund.

So läuft er die Hauptwege und die Grenzen seines Revieres ab und erschnüffelt, ob vielleicht ein Rivale eingedrungen ist und seinen Duft hinterlassen hat, so wie neulich, als er diesen frechen jungen Kerl vertreiben musste. Kein Rivale heute – aber wieder ist da dieser neue Duft einer fremden Füchsin, die er zwar schon mehrfach gerochen, aber noch nie gesehen hat. Der Duft ist schon älter. So verzichtet er darauf, der Fährte zu folgen. Vielleicht kann er die fremde Füchsin eines Tages in seinen Bau führen? Doch erst einmal erreicht er in den frühen Morgenstunden seine Burg, rollt sich ein und verschläft den ganzen Tag.

Im März oder April bringt seine Füchsin tief unten im Bau vier oder fünf Junge zur Welt: Nicht einmal so groß wie eine Handspanne sind sie; dicht wollig behaart, noch nicht fuchsrot, sondern dunkelgraubraun, wie die Erdhöhle, in der sie zur Welt kommen, doch schon mit weißem Brustlatz und kecker weißer Schwanzspitze. Nach zwei Wochen öffnen sie ihre hellblauen Augen, die sich erst später zum gleichen Fuchsrot wie der Pelz verfärben. Nach drei bis vier Wochen führt die Mutter die noch tapsigen Welpen zum ersten Mal an das Tageslicht, wo sie vor dem Bau die wärmenden Sonnenstrahlen genießen und spielen und noch ungelenk tollen.

Anfangs trinken die Jungen Milch bei ihrer Mutter, doch schon bald bringt diese neues Futter: halb zerkaute tote Mäuse, die sie hervorwürgt, später auch lebende Mäuse, die die Kleinen verfolgen und fangen müssen. So lernen sie, was man fressen kann und wie man es fängt. Die Jungen haben großen Hunger, und Vater und Mutter sind jetzt nicht nur in der Nacht, sondern auch am Tag unterwegs, um alles Fressbare herbeizuschaffen. Auch die Regenwürmer werden jetzt nicht mehr verschmäht. Mitten am helllichten Tag holt die Füchsin ein Huhn vom Bauernhof. Das ist gefährlich! Zum Glück schlief der Wachhund. Nur an die Gänse wagt sie sich nicht. Die bewacht der starke Ganter, der sie wütend anzischt und mit aufgerissenem Schnabel und flügelschlagend auf sie zustürzt.

Wie gut, dass es in diesem Frühling so viele Mäuse gibt, sonst müssten die Kleinen wohl verhungern. Doch das stimmt nicht ganz: Wäre es ein schlechtes Mäusejahr geworden, so hätte die Füchsin dies schon im Winter bemerkt und weniger Welpen zur Welt gebracht; in ganz schlechten Jahren auch gar keine. In sehr guten Jahren trägt sie dann umso mehr Junge aus.

Kommt ein Mensch in dieser Zeit dem Fuchsbau zu nahe, so zieht die ganze Familie um: Noch am selben Abend fasst die Füchsin die

Die Sonne lockt die jungen Füchse vor den Höhleneingang.

Kleinen vorsichtig mit der Schnauze und bringt sie in einen sichereren Bau – ein Junges nach dem anderen. Notfalls zieht sie auch zwei- oder dreimal um: Vorsicht ist besser! Die Jungen haben viele Feinde. Muss sich ein erwachsener Fuchs nur vor dem Steinadler, vor Bären und Wölfen in Acht nehmen – die allesamt selten geworden sind –, so sind für die kleinen Fuchswelpen auch Katzen, Marder und Wildschweine gefährlich.

Der größte Feind aber ist der Jäger, der dem Fuchs wegen seines schönen, dichten roten Pelzes mit dem weißen Brustlatz und den schwarzen Beinen nachstellt. Bis vor Kurzem wurden auch viele Füchse erschossen, weil sie die Tollwut, eine auch für den Menschen gefährliche Krankheit, übertragen können. Heute aber gibt es einen Impfstoff, den man in einem Stück Fleisch, einem Köder, verstecken kann, sodass die Füchse ihn fressen – eine Art «Schluckimpfung».

Obwohl so viele Füchse gejagt und erschossen wurden, nahm ihre Zahl nicht ab. Im Gegenteil: Sie sind aus Wäldern und Feldern in die Städte eingewandert, wo sie ihren Bau in Abwasserrohren und alten Autowracks anlegen und nachts in Mülltonnen nach Fressbarem suchen. So gibt es heute an den Rändern der Städte viele Füchse. Warum nur sehen wir sie dann so selten oder nie? Der Fuchs kennt nicht nur seine Wege, er kennt auch die Menschen. Er weiß, wo Wanderwege und Grillplätze sind und kommt gerne neugierig herbei, um nach Essensresten zu schnüffeln, aber nur, solange die Menschen die bekannten Wege nicht verlassen. Wittert er einmal Menschengeruch abseits der gewohnten Wege, so springt er mit allen vier Pfoten hoch und verschwindet wie von einer Faust fortgeschleudert augenblicklich im nächsten Gebüsch. Sehr vorsichtig und dabei sehr neugierig – der Fuchs ist ein schlauer Bursche!

Uhu und Schleiereule

In kalten Januar- oder Februarnächten, wenn der Sturm heftig durch die ächzenden und knarrenden Fichtenwipfel rauscht, mag niemand gerne spazieren gehen. Wer dennoch in solch eine unheimliche Nacht gerät, wird sie noch unheimlicher finden, wenn aus der Ferne – woher kommt es eigentlich? – ein dunkles «Buu-huu» ertönt, und wieder «Buu-huu», das «Huu» etwas tiefer als das «Buu». Selbst demjenigen, der weiß, dass es der Uhu ist, der im nächtlichen Sturm ruft, mag dabei ein Schauder über den Rücken laufen. Einen Kilometer weit kann man ihn im Wald hören. Oft wird das «Buu» von den Bäumen verschluckt und man hört nur das «Huu». Auf offenem Feld trägt sein Ruf noch weiter. Dort hört man oft nur noch das «Buu». Doch «Buu-huu» oder «Uu-huu» ist der wirkliche Ruf, von dem der Uhu seinen Namen bekommen hat.

Wenn er auch gut und weit zu hören ist, so ist der Uhu doch kaum jemals zu sehen: Tagsüber schläft er gut versteckt hinter dichten Fichtenzweigen. Sein braunes, mit großen schwarzen Tupfen und Flecken gesprenkeltes Gefieder gleicht dabei so sehr dem Muster der Baumrinde, dass man seine aufrechte, imponierend große Gestalt (er wird fast 70 Zentimeter groß) selbst aus der Nähe nicht entdecken würde. Bis in solche Nähe käme man aber gar nicht, denn der Uhu hätte den Eindringling mit seinen scharfen Augen schon längst erspäht und wäre völlig geräuschlos zwischen den Bäumen verschwunden. Er ist sehr scheu und lässt sich besonders am Tage gar nicht gerne sehen.

Wenn einige Krähen den tags schlafenden Uhu fänden, wäre es mit seiner Tagruhe vorbei. Sie zetern und beschimpfen ihn mit großem

Spektakel; andere Vögel gesellen sich dazu, manche besonders dreiste versuchen sogar, an seinem Federkleid zu zupfen, obwohl sie ihm eigentlich gar nichts antun können. Wenn dann der Uhu im Schlaf gestört wird und verärgert und schwerfällig davonfliegt, folgt ihm manchmal ein laut krächzender Krähenschwarm wie eine düstere, zottelige Rauchwolke.

Sein dichtes Gefieder schützt den Uhu nicht nur tagsüber vor neugierigen oder aufdringlichen Störern, sondern auch vor Regen und Schnee und mit seinen mollig warmen Flaumfedern vor der Kälte. Selbst die Füße sind dicht von feinsten Federn eingehüllt und werden nicht klamm, sondern bleiben warm und beweglich. Denn wenn die Dämmerung den Wald umfängt, braucht der Uhu nicht nur Flügel, sondern auch sicher zupackende Füße. Bevor er abfliegt, spreitet er einmal seine Flügel ganz aus: Riesig breit entfalten sie sich – so weit, als wenn ein erwachsener Mann beide Arme ausstreckt: 1,60 Meter; das größere Weibchen hat sogar eine Spannweite von 1,80 Meter!

Ohne dass die weichen, abgerundeten Flügel ein einziges Mal rascheln, pfeifen oder flattern würden, gleitet der Uhu wie ein schwarzer Schatten durch den nächtlichen Wald. Wie bei allen Eulen sind seine Federn nicht glatt und scharf abgeschnitten wie die aller anderen Vögel, sondern enden wie ein feiner, weicher Kamm in feinsten Fransen, die keinerlei Rauschen oder Pfeifen entstehen lassen. Völlig geräuschlos schwebt der mächtige Vogel plötzlich heran und stürzt sich auf eine ahnungslose Maus. Die Maus hatte nichts gesehen oder gehört. Wie aber hat der Uhu sie entdeckt? Seine beiden bernsteinorangeroten Augen sind größer und viel schärfer als Menschenaugen. Sie nehmen viel mehr Licht auf und brauchen nur ein Hundertstel des Lichtes, das andere Vögel zum Sehen benötigen. Da Eulenaugen wie beim Menschen nach vorne gerichtet sind – so sieht das Eulengesicht dem Menschengesicht ähnlich –, können sie auch gut dreidimensional, also räumlich

Auch bei Tag kann der Uhu genau und scharf sehen.

sehen und erkennen, wie weit genau die Maus entfernt ist. Das wäre mit Augen, die nach der Seite gerichtet sind, viel schwieriger. Wenn sie sich unsicher sind, schwanken sie mit dem ganzen Oberkörper nach rechts und links, hin und her, immer wieder und können so die Entfernung besser abschätzen. Man hat geglaubt, dass Eulen am Tage nichts sehen könnten; aber tatsächlich sehen sie bei Helligkeit besser als in der Nacht. Sogar direkt in die Sonne können sie schauen.

Allerdings kann der Uhu die Augen fast gar nicht bewegen. Will er etwas anblicken, muss er dazu den ganzen großen Kopf drehen. Das geht so schnell, dass man es gar nicht verfolgen kann. Der Hals ist dabei sehr wendig. Er kann das Gesicht vollständig nach hinten herum drehen. Ja, wenn man im Zoo um einen Uhukäfig ganz herumgeht und der Uhu einem mit dem Blick und ruckweisem Kopfdrehen folgt, so dreht er den Kopf schließlich nicht nur ganz nach hinten auf den Rücken, sondern, wenn man noch einige Schritte geht, immer weiter bis auf die andere Schulter. Geht man dann allerdings noch das kleinste Stück weiter, so wendet er den Kopf schnellstens – schwups! – zurück und einmal ganz und gar um den Körper, bis er einen wieder von vorne anschaut. Probiert es selbst einmal!

Trotz seiner guten Augen gelänge es dem Uhu niemals, ein so flinkes Tier wie eine Maus im Dunkeln zu fangen, wären nicht auch seine Ohren so fein: Mit ihnen erkennt er in völliger Dunkelheit eine fliehende Maus und unterscheidet sie von einem grabenden Maulwurf, von einem zwischen Blättern raschelnden Käfer oder von Zweigen, die im Wind leise an Baumrinde kratzen.

Sicher kennt jeder die Federbüschel oben am Kopf des Uhus. Sie heißen zwar Federohren, sind aber gar keine Ohren, sondern sehen nur so aus. Die eigentlichen Ohren sitzen tief unter den Federn des Gesichtes versteckt. Diese Federn machen einen großen Schalltrichter für die Ohren – so, als wenn wir beide Hände hinter die Ohren legen, um besser zu hören.

Hat der Uhu mit Ohren oder Augen eine Maus entdeckt, stürzt er sich in geradem Flug und mit der Wucht seines massigen, schweren Körpers auf sie. Ist die Maus aufmerksam und macht nur einen kleinen Satz auf die Seite, entkommt sie, denn die langen Flügel erlauben dem Uhu zwar stürmisch und zielsicher zu fliegen, aber nicht, blitzartig und wendig auszuweichen. Ein aufmerksamer, gesunder Vogel oder ein waches Eichhörnchen entkommen dem Uhu daher stets. Nur alte, kranke, unerfahrene oder unaufmerksame Tiere erwischt der Uhu. Dabei ist er nicht wählerisch: Mäuse, Ratten, Kaninchen, Vögel bis zur Größe einer Ente oder einer Gans erlegt er, indem er sie mit den dolchartig gebogenen Klauen seiner riesigen Füße schlägt und nicht mehr loslässt. Selbst das wehrhafte Stachelkleid eines Igels durchdringt er mit den langen, spitzen Klauen, ohne sich selbst zu verletzen. Mäuse verschlingt er als Ganze, mit dem Kopf voran, sodass zum Schluss nur noch der Schwanz aus dem gewaltigen Schnabel heraushängt. Dabei schließt er die Augen, drückt und verzieht das Gesicht zu den merkwürdigsten Grimassen und tritt dabei vor Aufregung von einem Fuß auf den anderen. Selbst lange Schlangen würgt er als Ganze hinunter. Noch größere Tiere zerreißt er wütend mit dem Schnabel, während er sie mit den Klauen festhält, und wirft sich die Stücke als Ganze in den Rachen. Niemals zerkaut er etwas; der Schnabel hat keine Zähne.

Nach fünf Minuten ist die Maus im Uhumagen zu einem flüssigen Brei zersetzt. Nur Fell, Knochen und Zähne bleiben unverdaut. Die würgt der Uhu nach acht bis zehn Stunden als einen trockenen, grauen Ballen wieder hoch und speit sie aus dem weit aufgerissenen Schnabel aus – ein scheußlicher Anblick!

Da der Uhu, wie viele Eulen, seine Lieblingsbäume hat, auf denen er sitzt und die Gewölle – so nennt man die grauen Ballen – hervorwürgt, kann man unter manchen Bäumen Gewölle aus vielen Jahren finden. Ein Forscher, der sie vorsichtig aufpult und mit der Lupe betrachtet, erfährt genau, was der Uhu gefressen hat.

Der Uhu lebt einen großen Teil des Jahres alleine als einsamer Jäger. Er ist ein Einzelgänger, der mit niemandem etwas zu tun haben möchte. Im Januar und Februar jedoch, wenn sein «Buu-huu-buu-huu» erschallt, antwortet das Uhuweibchen, mit dem er das ganze Leben zusammenbleibt, das er aber im Herbst und Winter lange nicht sieht: «Buu-huu» – etwas leiser, zarter und noch scheu lässt es sich hören. Wenn die beiden großen Vögel dann zu zweit nebeneinander sitzen, sind sie ganz friedlich, streichen einander mit dem sonst so gefährlichen Schnabel sanft über das Gefieder, verbeugen sich feierlich und reiben Schnabel an Schnabel.

Nur wenn es in diesem Winter genügend Mäuse gibt, sucht das Paar bald darauf eine Stelle für das Nest. Uhunester kann man auf überdachten Felsbändern in Steinbrüchen oder an Flusssteilhängen finden, aber auch in stabilen Baumkronen, notfalls auch in einem alten Gemäuer. Hauptsache ist, dass der Uhu aus dem Nest sehr gut und weit sehen kann, ohne selbst gesehen zu werden. Außerdem will er vor Regen geschützt sein und dort aus schnellem Flug gut landen können. Uhunester in Baumkronen sind meist große alte Krähen- oder Bussardnester vom Vorjahr, die manchmal von den Winterstürmen schon arg zerrissen sind, die der Uhu aber, ohne viel zu flicken, übernimmt. Ein Nistplatz auf einem Felsband wird von Steinchen und Erde gesäubert, indem der Uhu mit den kräftigen Füßen eine flache Mulde scharrt. Ein altes Greifvogelnest kann er durch solches Scharren so arg zerrupfen, dass schon einmal ein Ei mitsamt dem brütenden Uhu herunterfällt!

Die Eimulde bleibt kahl und ungepolstert und das Uhuweibchen legt seine zwei, drei oder vier fast kugelrunden, mattweiß glänzenden Eier mit der etwas rauen Schale hinein. Nur das Weibchen brütet, während das Männchen sie und später die Jungen mit Futter versorgt. Dabei liegt das Weibchen mit dösend geschlossenen Augen flach auf den Eiern, die es mit dem Brustgefieder umfasst und wärmt. Wenn nach vier bis fünf Wochen die Uhujungen schlüpfen, sehen sie gar nicht aus wie Tierkinder: Der scharfe, gekrümmte Schnabel ragt viel zu groß aus dem noch winzigen Gesicht; die riesigen Augen sind noch geschlossen und verklebt. Der plumpe kleine Körper in dem zerrupft aussehenden Federkleid liegt hilflos auf dem Nestboden. So derb und unschön wird der später so kühne Jäger geboren!

Die Uhumutter muss den Kleinen jedes Fleischstückchen vor den Schnabel halten, worauf sie es schnappen und würgend hinunter-

Der Uhu ist ein mächtiger Jäger, der mit scharfen Krallen zupackt.

schlucken. Dann klappern die Jungen scharf mit dem Schnabel, was sich anhört, als ob zwei Besenstiele aufeinanderschlügen, fauchen und zischen – ganz und gar nicht sanftmütige Geschöpfe! Erst wenn sie gesättigt sind, schmatzen sie zufrieden. Doch auch dann trägt das Uhumännchen weiterhin Futter heran und stapelt es am Nestrand: Bis zu 18 Pfund Futter hat man schon in einem Nest gefunden.

Fast ein halbes Jahr lang werden die Uhujungen mit frischem Fleisch versorgt. Inzwischen lernen sie allmählich, selber Mäuse zu fangen. Der Biologe Bernd Heinrich hat einmal einen aus dem Nest gefallenen amerikanischen Uhu großgezogen und musste den elternlosen Vogel, den er Bubo nannte, nicht nur füttern, sondern ihm auch das Mäusefangen beibringen. Er beschreibt, dass in der Nacht seine Katze mehrere Mäuse gefangen hatte:

«Ich binde eine dieser Mäuse an eine Schnur und ziehe sie auf den Dielen entlang. Bubo, der auf meinem Handgelenk hockt, zeigt erhöhte Aufmerksamkeit. Er macht einen Satz und landet direkt auf der Beute. Dann hebt er einen Fuß zum Schnabel, um sich seinen Fang einzuverleiben, aber es ist der falsche Fuß, die Maus liegt unter dem anderen. Ach, dieser Uhu hat noch viel zu lernen. Aber es fehlt ihm nicht an gutem Willen.

Wir beginnen das Spiel von vorne: Ich ziehe die Maus von ihm weg, lasse sie also vor ihm fliehen. Er sieht ihr misstrauisch nach, rennt ihr hinterher und greift sie abermals an; er knabbert an ihr und lässt sie dann fallen ... Es ist nicht klar, ob er die beweglichen Dinge, die er ‹fängt›, für essbare Beute hält oder ob er einfach spielt.» Etwas später bringt die Katze einen Kaninchenfuß. «Ich binde ihn an eine Schnur und ziehe ihn über den Boden – Bubo ist ganz Aufmerksamkeit. Er läuft hinterher und stürzt sich auf ihn mit ausgestreckten Fängen und zurückgelegtem Kopf. Nur ein ‹kleiner› Fehler unterläuft ihm – er landet etwa acht Zentimeter neben dem Ziel. Egal. Ein Blick und der Kaninchenfuß ist in seinem Schnabel, und dann kröpft er ihn mitsamt der Schnur, die wie ein langer dünner Rattenschwanz aus ihm heraushängt. Sein erster Fang! Ich lasse ihm den Kaninchenlauf und schneide die Schnur ab. Das Jagdfieber hat ihn gepackt, jetzt schaut er sich um und versucht, einige Astlöcher zur Strecke zu bringen.»

Drei Jahre lang übte Bernd Heinrich mit dem geschickter werdenden Uhu, bis der sich schließlich selber versorgen konnte und als freier Jäger durch die Wälder streifte.

Die Uhueltern bewachen das Nest und die Jungen scharfäugig: Nähert sich ein Wiesel oder ein Mensch, so ducken sich Uhuweibchen und Junge flach auf den Nestboden. Meist ist ihr braun-schwarz geflecktes Gefieder dann nicht mehr vom Untergrund zu unterscheiden. Hat das Wiesel das Nest aber entdeckt und kommt heran, so faucht und zischt der Uhu, klappert mit dem Schnabel, beugt sich vor und schlägt seine Flügel hoch und breit um seinen Körper. Seine weit aufgerissenen Augen blitzen und er sieht wie eine riesige Katze aus. Manchmal springt er dem Wiesel auch mit den geöffneten scharfen Klauen entgegen.

Kommt jedoch ein Mensch näher, so verschwindet der Uhu still und unauffällig. In ganz seltenen Fällen hat ein Uhu schon Menschen angegriffen. Der amerikanische Biologe Arthur Bent schrieb:

«Bei einer Gelegenheit wurde ich hart attackiert, als ich einen Horst zu erreichen suchte, in dem Eier bebrütet wurden. Ich hatte kaum zwei Meter der hohen Fichte erklettert, als der große braune Vogel an mir vorbeiglitt und sich auf einem benachbarten Baum niederließ. Dort saß er, starrte zu mir herüber und wiegte sich von einer Seite zur anderen. Es war das Weibchen. Die Flügel halb aufgespannt, die Federn aufgeplustert, die Federohren aufgestellt, sah es aus wie ein großer Teufel, und dann fing es an, voll wilder Wut mit dem Schnabel zu klappern. Als ich weiter zu klettern versuchte, kam auch noch das Männchen. Ein Moment Unaufmerksamkeit, und ich hörte das Rauschen von Flügeln im Sturzflug – der furchtbare Hieb auf der Schulter riss mich fast vom Baum herunter, und ich spürte die scharfen Klauen, die meine Kleidung zerfetzten. Als ich mich dem Nest näherte, bekam ich einen heftigen Hieb hinters Ohr, der mich benommen machte. Die scharfen Klauen hatten mich am Schädel getroffen; ich trug zwei hässliche Wunden davon, die sofort anfingen zu bluten.»

Aber selbst solche heldenhaften Angriffe halfen nichts, als die Jäger in vergangenen Jahrhunderten versuchten, alle Uhus auszurotten. Beinahe wäre es ihnen gelungen. Gerade noch rechtzeitig hatten einige Menschen begonnen, dem Uhu zu helfen: Sie bewachten seine Nester, sorgten dafür, dass zur Brutzeit keine Kletterer in den Brutfelsen und keine Grillpartys im Steinbruch die scheuen Uhus vertrieben. Aus Zoos wurden junge Uhus wieder an das Leben in Freiheit gewöhnt und ausgesetzt. Heute gibt es in den Waldgebieten der Eifel wieder viele Uhus und selbst in manchen Großstadtwäldern brüten sie. Immer noch ist es nicht einfach, den Uhu zu hören oder gar zu sehen. Er bleibt ein wilder und scheuer Geselle, ein einsamer Jäger.

Die Schleiereule ist zwar auch sofort als Eule zu erkennen – die großen, nach vorne gerichteten Augen und der scharfe Hakenschnabel verraten sie auf den ersten Blick. Doch anders als den grimmig blickenden Uhu möchte man die Schleiereule sofort streicheln: Glatt und weich ist ihr Gefieder und unter der Oberfläche seidig-flauschig.

Wie elegant und zierlich sieht ihr Federkleid aus! Über den Kopf und den Rücken trägt sie ein helles, aprikosenfarbig-braunes Gewand gezogen, das mit silbergrauen Mustern, feinen Tupfen und kleinen, glänzenden Perlen wie ein Umhängetuch bestickt ist. Hals, Brust und Bauch sind entweder rein weiß oder ganz hell mit silbergrauen Tupfen übersät. Fast sieht es aus wie geklöppelte Spitze, so zart ist es. An den Beinen trägt sie kurze Flaumfedern wie weiße Strümpfe. Am hübschesten ist das große, weiße Gesicht der Schleiereule: Der Schleier bildet ein breites, rundliches Herz und ist selber noch einmal zierlich eingerahmt. Dieser Schleier hat der Eule ihren Namen gegeben. Die schönen, großen, dunkelbraunen Augen sind dunkel umrandet wie von einem Lidschatten. Schaut sie nun traurig aus ihren Augen, die Schleiereule, oder gar neugierig? Ist es ihr wirkliches Gesicht oder ist es eine Theatermaske? Für die Schleiereule selbst ist der Schleier mehr als eine Zierde: Er ist wie ein riesiges Ohr oder wie ein Schalltrichter für die unter den Federn versteckten Ohren – wie beim Uhu.

Das breite Gesicht und der große Kopf machen einen Hauptteil des Schleiereulenkörpers aus. Wenn sie ihre langen und breiten Flügel ausstreckt, scheint sie nur aus Kopf und Flügeln zu bestehen. Der magere

Bauch und die Beine sind dann nur noch nebensächliche Anhängsel. Kopf und Flügel, das ist wie fliegende Klugheit: Die Schleiereule war das Symbol von Pallas Athene, der griechischen Göttin der Klugheit und saß ihr auf der Schulter. Sie findet sich – noch besser als andere Eulen – auch im Stockdunkeln zurecht, ohne irgendwo anzustoßen. Auch das passt zu der Göttin der Klugheit!

Anders als der wilde, scheue Uhu hat sich die Schleiereule eng an den Menschen angeschlossen. Am liebsten wohnt sie in seinen Gebäuden: in Scheunen, Kirchtürmen und Dachböden. Dort verbringt sie den Tag – mit zusammengekniffenem Schleier, wodurch gleichzeitig Augen und Ohren geschlossen sind. Wenn es dunkel geworden ist, fliegt sie ihr großes Revier ab: Felder, Hecken, Knicks und Bachläufe. Oder sie setzt sich auf einen Baum oder Zaunpfahl und horcht nach Mäusen. Denn Mäuse – Feldmäuse, Spitzmäuse, Wühlmäuse und Hausmäuse – sind ihre Hauptspeise. Selbst mit geschlossenen Augen findet und trifft sie die Mäuse, denn ihre wunderbar scharfen Ohren können nicht nur rechts und links ganz genau unterscheiden, sondern auch oben und unten: Das linke Ohr kann nach oben, das rechte nach unten hören. Natürlich fliegt sie mit offenen Augen. Aber im letzten Moment wirft sie die weit aufgerissenen Krallen nach vorne und schließt die Augen. Schon hat sie die Maus gepackt und fliegt mit ihr im Schnabel davon.

Fünf Mäuse frisst sie jede Nacht; wenn sie sehr hungrig ist, auch fünfzehn. Das ist eine riesige Menge für ein gar nicht so großes Tier. Die Schleiereule verdaut und verwertet ihre Nahrung in dem kleinen Bauch nicht sehr gründlich. Deshalb braucht sie etwas mehr.

Wenn hoher Schnee liegt, bleiben alle Mäuse versteckt in ihren Gängen unter dem Schnee und sind nicht zu finden. Schleiereulen leben deshalb nicht dort, wo, wie in Sibirien, den ganzen Winter über Schnee und Eis liegen. Wenn bei uns der Schnee zu lange liegen bleibt, müssen sie hungern. Da ihr Bauch aber so mager und dünn ist, halten sie dies nur wenige Tage lang durch. Mit etwas Glück finden sie eine Scheune, in der sie Mäuse jagen können!

Wie der Uhu baut auch die Schleiereule kein kunstvolles Nest. Die Niststelle muss wenigstens halbdunkel sein und ungestört. Am liebsten brütet sie in den Gebäuden, in denen sie auch den Tag verbringt. Weil aber Kirchtürme, Dachstühle und Scheunen heute meist mit Draht, Gittern oder Ziegeln verschlossen sind, finden die Schleiereulen oft keinen Brutplatz mehr und sind sehr selten geworden. Wir können ihnen eine Luke offen lassen. Sie brauchen nicht mehr als einen Dachbalken, um zu brüten. Noch besser ist natürlich ein ganzer Nistkasten, den man in das Dachgeschoss hängt, er muss aber mindestens einen Meter lang sein!

Als Nestpolsterung zerbeißt die Schleiereule viele alte Gewölle, die sie zu einem breiten, flachen Haufen zusammenschiebt. In die Mitte scharrt sie eine Mulde und legt dort sechs ovale, mattweiße Eier. Das Schleiereulenweibchen brütet, ebenso wie das Uhuweibchen, alleine und wird vom Männchen gefüttert. Nach etwa einem Monat schlüpfen die Jungen. Sie hocken dicht aneinander und aufeinander, um sich gegenseitig zu wärmen. Später verlassen sie das Nest und klettern in der Scheune herum. Mit vorgebeugtem Oberkörper und gestreckten Beinen staksen sie über die Dachbalken und hüpfen mit beiden Beinen, halten sich aber nie mit ihrem Schnabel fest wie Papageien. Sie verdrehen den Kopf und schaukeln mit dem Körper hin und her, um besser sehen zu können. Unfreiwillig wirken sie dabei manchmal wie Clowns.

Beide Eltern holen jetzt Futter. Manchmal, wenn es nur wenige Mäuse gibt, helfen auch andere Schleiereulen beim Füttern. Solange die Eltern nicht da sind, schreien die Jungen laut, was sich für uns wie starkes Schnarchen anhört. Am lautesten schnarcht das Kräftigste und

Der weiße Gesichtsschleier gab der Schleiereule ihren Namen.

Satteste. Sobald aber die Eltern mit einer Maus erscheinen, wird das Kräftigste still und lässt die anderen, hungrigeren Geschwister rufen, die dann auch als Erste gefüttert werden. So sorgen die Jungen füreinander. Ja, manchmal füttern sie sich auch gegenseitig.

Auch wenn sie schon flügge geworden sind, kehren sie tagsüber in die Scheune zurück oder suchen sich einen hohlen Baum, um gut versteckt den Tag zu verschlafen. Eines Tages schaute ich einmal auf der Suche nach Hirschkäfern in einen solchen hohlen Baum. Was meint ihr, was für einen Schreck ich bekam, als plötzlich eine große, aufgescheuchte Schleiereule mit weit ausgespannten weißen Flügeln völlig lautlos wenige Zentimeter vor meinem Gesicht herausflog! Die Eule selbst war aber sicher genauso erschrocken!

In England hat es Schleiereulen gegeben, die in einem morschen, hohlen Baum geschlafen haben, wo Pilze wuchsen, die nachts grünlich schimmern und leuchten. Offenbar hatten sich die Eulen beim Schlafen an den Stamm gelehnt, denn in der nächsten Nacht flogen sie mit grünlich leuchtendem Gefieder – als unheimliche «Geister-Eulen».

Wenn es keine Bäume gibt, in denen Schleiereulen bei der Jagd sitzen können, um nach Mäusen zu horchen, sitzen sie auch auf Leitpfosten und Leitplanken der Straßen. Leider wird ihnen die Straße nur allzu oft zur tödlichen Falle, wenn sie dort eine Maus fangen und ein zu schnelles Auto naht. Auch deshalb sind Schleiereulen selten geworden.

Die hübsche Schleiereule mit all ihren Absonderlichkeiten kann einem wirklich ans Herz wachsen. Wo es geht, sollten wir ihr helfen. Der Förster und Vogelkundler Oskar von Riesenthal schrieb einmal: «Das eigentliche Heim der Schleiereule ist die menschliche Niederlassung, also ein Fingerzeig der Schöpfung, dass der Mensch sie gastlich aufnehmen soll.»

Schimpansen

Sicher hat jeder von euch schon einmal Schimpansen gesehen, im Zoo oder im Zirkus, vielleicht auch nur auf Bildern oder im Film. Vielleicht habt ihr über sie gelacht, über ihre komisch wirkenden Streiche oder auch darüber, wie ähnlich sie uns Menschen sehen, es aber doch nicht sind.

So gut wir Schimpansen im Zoo auch seit Langem kennen, so wissen wir doch über ihr Leben in ihrer Heimat erst seit Kurzem etwas. Denn früher hat man Schimpansen nur gefangen und nach Europa gebracht, und dadurch weiß man ja noch nicht viel über sie.

Man muss zu ihnen hingehen, um sie kennenzulernen, in die Urwälder Afrikas, man muss bei ihnen leben und ihr Vertrauen gewinnen, um an ihrem versteckten Leben teilnehmen zu können.

Die Erste, die sich dieses zutraute, war eine junge Frau, die gerade mit der Schule fertig, unbedingt nach Afrika wollte, um mit den Tieren dort zu leben. Jane Goodall, so hieß die junge Frau, erhielt die Gelegenheit, in den Regenwäldern am Tanganjikasee in Tansania Schimpansen zu beobachten. Es gibt keine Straße dorthin, und so kam sie mit einem der kleinen hölzernen Boote, die an dem Ufer des Tanganjikasees wie Wasserbusse entlangfahren, und baute ihr Zelt an seinem Ufer, am Rande des Regenwaldes auf.

Sie war begeistert von dem schönen Strand, dem weiten Blick über den See bis ans andere Ufer nach dem Kongo, begeistert auch von dem dichten grünen Regenwald mit seinen vielfältigen Vogelstimmen und laut schrillenden Zikaden. Als sie sich jedoch auf die Suche nach den Schimpansen machte, verließ sie beinahe der Mut: Meist waren die Schimpansen gar nicht zu sehen, und als sie doch das erste Mal auf der anderen Talseite, über 500 Meter weit entfernt, im Fernglas eine Gruppe entdeckte, hatten diese sie schon lange bemerkt und verschwanden nun einer nach dem anderen im dichten Laub des Regenwaldes. Wie soll man aber Schimpansen beobachten und erforschen, wenn sie schon bei einer Entfernung von 500 Metern fliehen? Selbst das beste Fernglas hilft ja nicht, um den dichten grünen Regenwald zu durchdringen. War alles umsonst?

Die meisten hätten an ihrer Stelle wohl aufgegeben. Das tat Jane Goodall aber nicht. Täglich ging sie in den Regenwald und erstieg die Berghänge, wo nur noch buschiges Grasland wächst. Und bald sah sie fast täglich Schimpansen. Da sie nie Krach machte, immer die gleiche Kleidung trug und die Schimpansen nie erschreckte, gewöhnten die Tiere sich allmählich an den Anblick dieses seltsamen zweibeinigen «Affen» mit dem blonden Pferdeschwanz.

Jetzt begann sie vorsichtig ihnen zu folgen, mit gehörigem Abstand, damit sie keine Angst bekämen. Das war sehr schwierig, denn das Unterholz des Regenwaldes ist dicht und voller Dornen und Lianen. Die Schimpansen schlüpften einfach hindurch, ohne auch nur langsamer zu werden, und waren dann schnell verschwunden. Jane Goodall aber hielten die Lianen an den Schnallen der Schuhe, am Fernglas und an den Haaren fest, die Dornen zerkratzten Kleidung, Haut und Gesicht.

Trotzdem folgte sie viele Monate lang täglich den Schimpansen, bis auch diese neugierig wurden. Und eines Tages kam auf einer Lichtung ein ausgewachsener Schimpanse vorsichtig auf sie zu, immer näher. Jane Goodall blieb regungslos. Schließlich war er ganz nahe herangekommen. Sie hatte keine Angst, obwohl er fast so groß war wie sie, sicher achtmal so stark und ein gewaltiges Gebiss hatte. Sie rührte sich nicht, bis er schließlich seine Hand ausstreckte und sie vorsichtig berührte.

Nur selten gehen Schimpansen auch einmal auf zwei Beinen.

Da wusste Jane Goodall: Sie hatte es geschafft! Seitdem erforscht sie seit über 30 Jahren die Schimpansen, und das meiste, was wir wissen, stammt von ihr und ihrer Forschungsstation.

Man muss sehr früh morgens, noch im Dunkeln aufbrechen, wenn man Schimpansen beim Aufstehen beobachten will. Sie schlafen hoch oben in einem Baum, wo sie sich am Vorabend ein Nest gebaut haben, indem sie einige Zweige über einem starken Ast geschickt zusammengebogen und geknickt haben. In drei Minuten haben sie sich so ein bequemes Nest für die Nacht gebaut. Jeder hat sein eigenes. Nur die ganz kleinen Schimpansenkinder schlafen mit in Mutters Nest.

Wenn sie aufgewacht sind, klettern sie vom Baum herunter und ziehen zu mehreren durch den Regenwald auf der Suche nach einem Frühstück. Das Frühstück gibt es fast jeden Morgen anderswo, je nachdem, welcher Baum gerade saftige Früchte oder reife, harte Nüsse trägt, bei welchen Palmen gerade frisches Mark in ihren Palmwedeln reift – was wohl so ähnlich wie Zuckerrohr schmeckt, jedenfalls für Schimpansen; für uns schmeckt es fast nach nichts – oder welche Bäume gerade aromatische Knospen tragen. Denn im Regenwald ist es anders als bei uns, wo die Apfelbäume und Haselsträucher stets im Herbst Früchte tragen. Der eine Baum kann im Januar, der andere im April fruchten. Ja, manchmal blüht der eine Ast eines Baumes, der andere aber erst später. Denn es gibt dort keinen Winter und es bleibt immer warm.

So können die Schimpansen morgens mehrere Stunden durch den Wald ziehen. Und wenn sie einen leckeren Baum gefunden haben, stürzen sie sich mit Freudenschreien darauf.

Manche Nüsse aber sind so hart, dass sie diese sogar mit ihrem starken Gebiss nicht aufknacken können. Dann suchen sie sich einen harten Holzknüppel, legen die Nuss auf einen Stein und schlagen wie mit einem Hammer darauf. Es ist sehr schwierig, genau zu treffen, und die Kleinen brauchen lange, bis sie es von der Mutter gelernt haben.

Früher dachte man, nur Menschen würden Werkzeuge benutzen. Aber da sind uns die Schimpansen doch sehr ähnlich, auch wenn ihre Werkzeuge noch sehr einfach sind.

Ein weiteres Werkzeug benutzen sie, wenn sie an einen Termitenhügel kommen. Die Termiten verstecken sich nämlich sofort im Inneren ihres steinharten Baues, sodass die Schimpansen nicht daran kommen. Da Termiten aber sehr lecker schmecken – jedenfalls für Schimpansen –, reißen sie sich einen Grashalm ab, bringen ihn auf die richtige Länge und stecken ihn in einen der Eingänge des Termitenbaues. Die Termiten packen jetzt den vermeintlichen Eindringling mit ihren Kiefern und lassen ihn nicht mehr los. Dann ziehen die Schimpansen das Stöckchen mit den festgebissenen Termiten wieder heraus und schlecken diese genüsslich ab – eine Art Termitenangeln!

Ganz selten machen Schimpansen auch Jagd auf größere Tiere, zum Beispiel auf die Jungen der Buschböcke, der kleinen Antilopen, die im Regenwald leben. Das ist dann ein besonderes Fest und der erfolgreiche Jäger hütet seine Beute sorgfältig und gibt nur seinen guten Freunden etwas ab.

Schimpansen leben in Gruppen von etwa fünfzig zusammen in einem Gebiet, das sie genau kennen. Jenseits ihres Gebietes lebt dann die nächste Gruppe, von der aber nur Einzelne ganz selten in das fremde Gebiet kommen dürfen, niemals die ganze Gruppe. Deshalb wird die Grenze auch gut bewacht.

Schimpansen einer Gruppe kennen sich untereinander sehr gut. Sie ziehen aber fast nie alle gemeinsam los. Meist sind nur einzelne zusammen unterwegs: Mütter mit ihren Kindern, zwei erwachsene Brüder oder Freunde, manchmal auch ein größerer Trupp befreundeter Männer.

Einer der stärksten erwachsenen Männer ist der «Chef» der Gruppe. Er wird von allen anderen respektiert und er entscheidet beispielsweise, wann es Patrouillen an der Grenze geben muss, oder er kann Streit zwischen den anderen schlichten. Wenn andere starke Männchen auftauchen, kann er ihnen klarmachen, dass er der Chef ist: Er stampft mit den Füßen auf den Boden, schlägt mit aller Kraft an Baumstämme, dass es dröhnt, und schleudert Steine, die herumliegen. Er richtet sich auf und schüttelt Bäume und Sträucher und brüllt lauthals. Sein Fell sträubt sich und er wirkt mächtig und gefährlich. Manchmal packt und schüttelt er auch einen der anderen Männer, der sofort laut und panisch aufgeregt schreit, obwohl er dabei gar nicht verletzt wird.

Durch dieses Imponiergehabe weiß jeder in der Gruppe, wer der Stärkste ist, und meistens können so ernsthafte Kämpfe vermieden werden. Diese könnten bei der gewaltigen Kraft und dem scharfen Gebiss der Schimpansen nämlich oft blutig oder gar tödlich enden!

Für eine bequeme Ruhepause braucht ein Schimpanse kein Nest.

Ganz schnell wird es danach wieder ruhig und alle beginnen sich gegenseitig zu kraulen, zu «groomen», wie man auf Englisch sagt. Dabei wird einerseits das Fell gesäubert und gepflegt, andererseits wirkt es angenehm und entspannend – vielleicht so, wie für uns eine Massage.

Wenn alle Schimpansen einer Gruppe so friedlich und entspannt sind, kommen auch die kleineren Kinder dazu und spielen mit ihren älteren Geschwistern. Oft wollen sie auch mit den Erwachsenen spielen, die dann auch gerne mitmachen. Sie jagen und kitzeln sich gegenseitig und lachen ihr Schimpansenlachen, das zwar anders klingt als unseres, nämlich schnaufend und grunzend, aber doch ein echtes Lachen ist – und oft so zwerchfellerschütternd, dass sie nach Luft japsen müssen!

Jede Schimpansenmutter passt gut auf ihr Kind auf. Und sollten andere ihm auch nur unabsichtlich wehtun und es zum Weinen bringen, drohen sie demjenigen oder schlagen ihn sogar. Vier Jahre lang trinken die Kleinen bei ihrer Mutter, sie lernen allmählich, was man essen kann und wie man es findet. Erst dann kann die Mutter das nächste Kind bekommen, und die älteren Geschwister lernen, wie man sich um die ganz Kleinen kümmert. Zieht die Gruppe weiter, klammert sich das Kleine in das Bauchfell der Mutter und muss sich nun gut festhalten, wenn es geschwind bergauf und bergab, über Bäche und in Sprüngen Bäume hinauf geht. Wird es größer, versucht es auf dem Rücken der Mutter zu reiten, rutscht aber anfangs doch noch oft herunter und muss mit sanfter Hand wieder hinaufgeschoben werden.

Ohne ihre Mutter können Schimpansenkinder nicht leben. Stirbt die Mutter, so stirbt auch das Kleine. Nur wenn es eine große Schwester hat, die es sorgsam aufnimmt, oder eine Tante und wenn es schon Blätter und Früchte essen kann, kann es überleben.

Manchmal spielen Schimpansenkinder nicht nur untereinander, sondern auch mit den Kindern der Paviane, die ebenfalls im Regenwald leben.

Da Schimpansen sehr stark sind, haben sie nur einen Feind, den sie fürchten: den Leoparden. Dieser greift manchmal Schimpansen an, wenn sie alleine sind. Alleine können sich diese gegen die Pranken und das scharfe Gebiss des Leoparden nur ganz kurz verteidigen. Deshalb schreien sie, so laut es geht, um die anderen zu Hilfe zu rufen. Wenn diese rechtzeitig eintreffen, vertreiben sie den Leoparden alle gemeinsam mit Knüppeln und Steinwürfen.

Noch viel gefährlicher als der Leopard sind aber die Wilderer. Manche Wilderer jagen Schimpansen, um sie lebend oder als Fleisch zu verkaufen. Andere stellen Fallen und Schlingen aus Draht, um Antilopen zu fangen. Gerät ein Schimpanse in eine solche Drahtschlinge, so schneidet sie in sein Hand- oder Fußgelenk ein. Mit seinen scharfen Eckzähnen versucht er die Schlinge zu entfernen, aber nicht immer gelingt dies. Oft entzündet sich die Wunde und eitert und manchmal sterben die Schimpansen daran. Die anderen begleiten sie, versuchen zu helfen und trauern lange, wenn einer stirbt.

Noch gefährlicher ist es aber, wenn Holzfäller die Bäume fällen. Denn ohne den Urwald können Schimpansen nicht leben. Nur wenige Schimpansen leben in Schutzgebieten und sind so geschützt und sicher, viele aber leben in Wäldern, die rücksichtslos geplündert und abgeholzt werden.

Um diesen Tieren, die uns so ähnlich sind, zu helfen, müssen wir also zuallererst die Regenwälder schützen und erhalten und die Wilderer heraushalten! Dafür kämpft Dr. Jane, wie Jane Goodall auf der ganzen Welt genannt wird, heute und sie hat auch eine kleine Insel im Viktoriasee für all die kleinen Schimpansenwaisenkinder eingerichtet, die sterben müssten, wenn niemand sich um sie kümmerte. Jeder, der will, kann Dr. Jane dabei helfen!

Mistkäfer und Pillendreher

Wer im April durch den Wald läuft, wenn die erste Frühlingssonne vom kühl-blauen Himmel durch die noch kahlen Zweige auf die Waldwege scheint, entdeckt dort häufig einen schwarzen, elegant glänzenden Käfer. Man muss sich bücken, um ihn zu betrachten, dann bemerkt man, wie er mit langen, staksigen Beinen über Steinchen und Zweige hinwegstelzt. Kippt er einmal bei einem größeren Ast zur Seite, so glänzt sein Bauch wie poliertes Metall – violettes Metall – unter dem Schwarz der Flügeldecken hervor. Dreht man den Käfer auf den Rücken, kann man es wunderbar sehen. Doch vor Schreck zieht dieser die Beine fest an den Bauch heran und rührt sich nicht mehr, als wäre er tot. Manch ein ahnungsloser Vogel lässt ihn so als scheinbar tot liegen.

Wer Geduld hat und wartet, kann den eleganten Käfer vielleicht fliegen sehen: Dazu klappt er die festen, harten Flügeldecken zur Seite. Darunter befinden sich zwei hauchdünne, durchsichtige Flügel. Sie sind doppelt so lang wie die Flügeldecken und liegen deshalb zusammengefaltet unter ihnen. Nun entfaltet der Käfer sie vorsichtig, streckt sie, pumpt seinen schweren Körper mehrere Male mit Luft auf, wärmt seine Muskeln und mit lautem Gebrumm erhebt sich der schwarze Kerl taumelnd in die Lüfte und ist bald verschwunden.

Wohin? An einer blutenden Baumwunde oder an einem verfaulenden Pilz fällt er mit einem Plumps wieder herunter und beginnt zielstrebig zu fressen – einen seltsamen Geschmack scheint er zu haben. Wie hat er hierher gefunden? Er hat es gerochen. Zwar hat er keine Nase, doch die beiden Fühler an seinem Kopf, die er wie die Seiten eines Buches aufblättern kann, schnuppern noch viel feiner als unsere Nase. Aus mehreren hundert Metern hat er den Pilz gerochen und ist hierher geflogen. Ja, neben einem stinkenden Haufen aus Hirschkot oder Rehkot plumpsen oft mehrere der schwarzen Gesellen herab. Den können sie schon riechen, wenn sie noch einen Kilometer entfernt sind. Sie stürzen auf den Mist los und beginnen zu fressen, als wäre es die köstlichste Speise. Selbst Menschenkot vertilgen sie – ein wirklich seltsamer Geschmack.

Ist der Käfer gesättigt, so ruht er sich nicht etwa aus, sondern beginnt unter dem Dung zu graben: Mit dem bepanzerten Kopf voran und mit Hilfe der zackenbewehrten Vorderbeine schaufelt er sich in den Waldboden hinein – tiefer und immer tiefer – und baut dabei eine stabile Röhre zwei Handspannen tief senkrecht hinunter. (Eine amerikanische Art gräbt sogar drei Meter tief.)

Von dieser Röhre aus gräbt er mehrere waagerechte Seitenstollen. Schließlich steigt er wieder an die Erdoberfläche, schneidet mit seinen kräftigen Vorderbeinen ein Stück Dung ab und kriecht nun rückwärts in die Röhre. Einen Seitengang füllt er mit vielen Portionen Dung. Schließlich gräbt er sich noch einmal durch den eben hineingestopften Dung bis an das hinterste Ende durch und legt dort ein Ei. Dasselbe geschieht in den anderen Seitengängen. Nach getaner Arbeit wischt der Mistkäfer seine beschmutzten Beine eifrig mit Sand ab. Zum Schluss legt er sich auf den Rücken, entfernt mit dem Mund die letzten Schmutzspuren von den Vorderbeinen und reibt und putzt alle Beine so oft aneinander, bis auch der letzte Mistkrümel verschwunden ist. Wenn er sich auch mit Mist abgibt, so bleibt er doch ein sauberer und feiner Herr!

Aus dem Ei schlüpft nach einigen Tagen die kleine, bleiche Made, die Larve. Alleine im dunklen Erdinneren frisst sie den Dung – den ganzen Sommer und Herbst hindurch – und wird größer und größer. Fast ist der ganze Vorrat aufgefressen, da erstarrt die Larve, bekommt eine neue, festere Haut und bleibt regungslos liegen: sie ist zur Puppe

Der heilige Pillendreher macht einen Moment Pause auf seiner Kugel.

geworden. Erst im nächsten Frühling schlüpft aus der bleichen Puppe ein ebenso bleicher, noch weicher Käfer. Er braucht dann viele Tage, um glänzend schwarz und violett zu werden und um einen harten Panzer und Flügeldecken zu bekommen. Erst dann gräbt er sich durch den Boden nach oben an das Tageslicht.

Es gibt bei uns fünf verschiedene Mistkäferarten. Jede hat einen etwas anderen Geschmack: Kuhmist, Pferde-, Schafs- oder Kaninchendung. Auf der ganzen Erde gibt es Hunderte verschiedener Mistkäfer, auch Känguru- oder Elefantenmistkäfer. Als nach Australien die ersten Kühe gebracht wurden, wo es vorher nur Kängurus gab, verschwanden die Kuhfladen nicht wie bei uns nach kurzer Zeit in der Erde, sondern blieben liegen. Das Gras darunter wurde gelb und wuchs nicht mehr richtig. Den Kühen fehlte Futter und Krankheiten breiteten sich aus. Die Weiden Australiens drohten unter Millionen Kuhfladen zu ersticken und zu versinken, denn die Kängurumistkäfer mochten den Kuhmist nicht und Kuhmistkäfer gab es nicht. Niemand wusste Rat. Erst als man afrikanische Mistkäfer in großer Zahl nach Australien brachte, vertilgten diese endlich die Kuhfladen. Gleichzeitig düngten sie damit die Erde, das Gras wuchs wieder gut und die Kühe hatten genug zu fressen.

Kühe und Mistkäfer gehören zusammen. Gut, dass es sie gibt. Denn wie scheußlich wäre es, wenn der Mist immer mehr würde!

Im warmen Südfrankreich, in Spanien und in ganz Afrika gibt es Mistkäfer, die unseren auf den ersten Blick recht ähnlich sehen. Doch über ihrem Kopf spreitet sich ein halbrunder, fester Schild mit groben, scharfen Zähnen. Ebenso grobe Zähne sitzen an den Außenkanten ihrer Vorderbeine wie an einer Säge, die Innenkanten aber sind glatt.

Diese Käfer fressen den Dung verschiedener Tiere, wie Schafe, Kamele oder Ziegen. Ebenso wie die einheimischen Mistkäfer schneiden sie, wenn sie selbst satt gefressen sind, weiteren Dung ab – was ihnen mit dem gezähnten Kopfschild und den sägeartigen Beinen besonders gut gelingt. Doch was geschieht jetzt? Einer der Käfer klopft den Dung zu einer großen Portion zusammen, zieht sorgfältig sperrige Fasern heraus und glättet die Oberfläche mit seinen Beinen so lange, bis sie zu einer schönen, glatten Kugel geworden ist – eine Kugel, die größer ist als er selber. Dann stellt er sich auf seine Vorderbeine, greift mit den mittleren und den Hinterbeinen die Dungkugel und rollt diese – wie ein Artist balancierend – über den unebenen Boden. Das geht nicht ohne Stürze: Oft rollen Kugel und Käfer gemeinsam hügelab. Doch unermüdlich greift der Pillendreher – dass er so heißt, versteht man sofort – die Dungpille und rollt sie erneut davon: oft 20, 30 Meter oder noch weiter, viele Stunden lang und ohne Pause.

*Der fliegende Skarabäus hält die Sonnenscheibe.
Aus dem Grab des Pharaos Tutanchamun.*

Manchmal fliegt ein zweiter Pillendreher herbei, dann rollen beide die Kugel gemeinsam – einer vorne, einer hinten. Sind es zwei Weibchen, dann werden sie irgendwann anfangen, sich um die Kugel zu streiten. Sind es Männchen und Weibchen, so graben sie an einer ausgewählten Stelle gemeinsam unter der Kugel eine Höhle. Nach mehreren Stunden versinkt die Dungpille in der Erde. Dort klopfen und drücken die beiden Käfer noch einmal so lange an ihr herum, bis aus der Kugel- eine Birnenform geworden ist, und legen dann ein Ei hinein. Aus Ei, Larve und Puppe schlüpft im nächsten Frühjahr, wenn der Boden nach den ersten belebenden Regenfällen etwas aufgeweicht ist, ein neuer Käfer. Er krabbelt aus der Erde und fliegt brummend der Sonne entgegen.

Den alten Ägyptern war der Pillendreher heilig, sodass er heute noch heiliger Pillendreher oder Skarabäus heißt. Dem verstorbenen Pharao, der besonders geehrt wurde, entnahm man beim Mumifizieren alle Organe und das Herz und bewahrte sie in einem besonderen Gefäß auf. An Stelle des Herzens setzte man einen kunstvoll aus edlem Stein geschnittenen und mit heiligen Schriftzeichen versehenen Skarabäus ein.

Die runde Dungpille erschien den Ägyptern als Bild der Sonne, die der Skarabäus am Ende des Jahres in die Erde versenkt. Dort stirbt sie aber nicht, sondern kommt neu belebt im nächsten Frühling, wenn die Felder vom Nil frisch gedüngt worden sind und das Jahr neu beginnt, als lebendiger Gott heraus. «Chepre», «das Neu-Werden der Welt» oder «das Glück» nannten die Ägypter diesen Gott. Er gab ihnen die Gewissheit, dass auch nach dem Sterben das Leben immer wieder neu beginnt.

Schwalbenschwanz

Im Sommer, wenn endlich viele Tage lang die Sonne scheint und es warm geworden ist, sind im Garten nicht nur die bepelzten Bienen und Hummeln unterwegs und summen und brummeln von Blüte zu Blüte, sondern auch die Schmetterlinge: Leicht und beschwingt schweben sie lautlos von einer Blüte zur anderen. Aber sie sind wählerisch und nicht alle Blüten mögen sie gleichermaßen. Am liebsten sitzen sie auf den dunkellila oder hellvioletten Blütenrispen des Sommerflieders, wo sich oft so viele versammeln, dass dieser auch Schmetterlingsstrauch genannt wird. Tief tunken sie ihr Köpfchen mit dem langen Saugrüssel in die schmalen violetten Blüten ein, um an den süßen Blütennektar zu gelangen. Haben sie die Blüte leergesogen, so rollen sie den Rüssel zu einer Spirale auf, trippeln ein paar Schritte und tunken ihn in die nächste. Oder sie fliegen ein paar Flügelschläge weit zur nächsten Blütenrispe und beginnen von Neuem.

Weißlinge kommen dort häufig hin, weiße Schmetterlinge mit schwarzen Flügelspitzen und kleinen schwarzen Tupfen, oder ein fuchsbrauner Schmetterling mit schwarzem Muster und gelben und weißen Tupfen, der Kleine Fuchs, bei dem man aus der Nähe auch eine ganze Reihe hellblauer Flecken, die «Augen» entdeckt. Aufgeregt über so viele süße Blüten, wippen und schlagen sie mit den Flügeln, so dass man ihre Unterseite, die wie dunkle Baumrinde aussieht, erkennt. Auch Pfauenaugen finden sich ein, große dunkelbraune Falter mit vier großen, verträumten, blauen und gelben Augen auf den Flügeln, fast wie ein Pfau mit seinen Tausenden von Augen auf den Federn. Natürlich können beide mit diesen Augen nichts selber sehen, sondern nur aussehen.

Inmitten dieser Weißlinge, Füchse und Pfauenaugen erscheint plötzlich ein ganz fremder Falter: blendend hellgelb und dunkel-schwarz und doppelt so groß wie die kleinen Füchse. Schwarze und hellgelbe, schwungvolle Muster wechseln auf ihm ab, aber auf dem Schwarz ist auch immer ein Hauch von Gelb, wie feinster Blütenstaub, und auf dem Gelb ein Hauch von Schwarz, wie leichter Ofenruß. Schwungvoll sind die Muster, aber am schwungvollsten sind die beiden elegant gestreckten Spitzen an seinen Hinterflügeln, fast so elegant wie die Schwanzfedern der Schwalben. Und deswegen heißt der ganze Falter der Schwalbenschwanz.

Unmittelbar vor diesen Spitzen leuchten noch zwei rote Augen und eine prächtige dunkelblaue Binde zieht sich quer vor sie hin. Er ist schon ein prächtiger Fremdling, der Schwalbenschwanz, wie mit farbenglänzenden Brokat- und Seidenstoffen geschmückt.

Und er kommt wirklich vielleicht von sehr weit her, denn Schwalbenschwänze sind kräftige Flieger, die oft viele Hunderte Kilometer zurücklegen, ehe sie sich irgendwo niederlassen. Schaut ihn euch also gut an, wenn er auf dem Schmetterlingsstrauch sitzt und Nektar trinkt. Vielleicht fliegt er gleich weg und ihr seht ihn niemals wieder!

Vielleicht fliegt er aber auch nur ein kleines Stück weiter in den Garten hinein, dort wo die Möhren, der Fenchel und die Petersilie stehen. Dann schwirrt er aufmerksam von Pflänzchen zu Pflänzchen. Und vielleicht legt er ein winzig kleines, nicht einmal stecknadelkopfgroßes Ei an ein Blatt einer Möhrenpflanze, nur eines, das genügt, und dann vielleicht noch eines an die Kümmelpflanze und an den Fenchel, denn er liebt die aromatischen, wohlschmeckenden Pflanzen im Garten. Niemals würde er ein Ei an eine Giftpflanze legen!

Schon ein paar Tage später rückt und rührt es sich in dem winzig kleinen Ei, und nach einer Woche schlüpft ein ebenso winzig kleines Räupchen heraus. Es ist schwarz mit einem weißen Fleck in der Mitte.

*Auffällig leuchtend sitzt der Schwalbenschwanz auf dem Zweig –
immer zum Abflug bereit.*

Und wer nicht ganz genau hinschaut, hält es wohl eher für einen Fleck Vogelkot als für einen künftigen Schmetterling.

Als Erstes frisst das Räupchen die dünne Eischale auf, aus der es gerade geschlüpft ist, denn jetzt hat es Hunger! Dann beginnt es an den Möhrenblättern zu nagen und zu fressen. Bald hat es so viel gefressen und ist so dick geworden, dass es buchstäblich platzt: Die Haut reißt auf und ein größeres Räupchen mit neuer Haut kriecht heraus. Gleich frisst es weiter und bald platzt es wieder aus seiner Haut. Die jetzt herauskriechende Raupe aber ist nicht mehr wie Vogelkot gefärbt, sondern ist auffällig bunt: schwarz, weiß und hellgrün zebraartig gestreift und dazwischen viele leuchtend orange Punkte. Eine so auffällige Raupe entdeckt man leicht im Möhrenbeet, wenn man geduldig sucht.

Die Raupe aber frisst weiterhin und ohne Pause von den Möhrenblättern. Sie muss sehr hungrig sein. Kommt man ihr zu nahe, oder ärgert man sie gar, so richtet sie ihren Vorderkörper gekrümmt auf wie ein bockiges Ziegenböckchen und aus einer versteckten Nackenfalte stülpen sich zwei safranorange, aber weiche Hörnchen aus, die noch dazu ganz merkwürdig riechen. Das versteht wohl jeder, was die Raupe da meint: Bitte lass mich in Ruhe!

Nach vier Wochen ist sie dick und groß geworden. Jetzt hört sie auf zu fressen, läuft unruhig hin und her, verlässt wohl auch die Möhrenpflanze, läuft über den Gartenweg hin und wieder zurück. Was sucht sie wohl?

Jetzt hat sie es gefunden: einen ruhigen Ort an einem trockenen, festen Ast. Dort spinnt sie aus winzig kleinen Fädchen ein kleines Pölsterchen und leimt es fest an den Ast. Dann hakt sie ihre Hinterfüße fest in das Pölsterchen ein und wirkt sich einen silbernen Gürtel, den sie vielfach um ihre Taille und den Ast windet. Aber noch immer wird sie nicht ruhig: Ihre Hautfarbe verändert sich, wird dunkel und braun, und schließlich streift sie ihre Raupenhaut zum letzten Mal ab, vorsichtig, ohne dass dabei der Gürtel verloren geht. Merkwürdig trocken und leblos sieht sie jetzt aus, leblos wie eine Puppe. Und so heißt sie jetzt auch.

So hängt sie sicher an ihrem Gürtel und hält sich mit ihren Hinterfüßen fest, ohne sich zu bewegen, viele Wochen lang, Monate lang, den ganzen Winter hindurch. Zu Frühlingsanfang hängt sie immer noch wie tot und scheinbar unverändert dort, oft auch noch im April.

Und doch war und ist sie nicht tot. Tief im Inneren und von niemandem beobachtet hat die Puppe sich völlig aufgelöst und im Schutze der festen Puppenhülle ist aus ihr etwas ganz Neues geworden: Schließlich ist die Puppenhülle an einem sonnigen Maimorgen halb durchscheinend geworden und jetzt reißt sie am oberen Ende auf wie Pergamentpapier. Von innen drängt und presst sie jemand auf.

Ein Paar große dunkle Augen schaut heraus, ein Paar Fühler und ein Schmetterlingsrüssel. Dann reißt die Hülle ganz auf und ein feuchtes, gelb-schwarzes Etwas kriecht heraus. Die Flügel sind noch eingerollt und nass. Aber gleich beginnt der frisch geschlüpfte Schwalbenschwanz, sie vorsichtig auszubreiten. Er braucht Platz dafür, denn die Flügel sind groß. – Schon glaubt man nicht mehr, dass sie gerade noch in der Puppenhülle steckten! Noch sind die Flügel weich und sehr empfindlich, aber der Falter pumpt sie auf, sodass sie straff und gerade werden, und schon nach einer Stunde sind sie ausgehärtet und flugbereit. So frisch und blinkend sehen sie aus, ihr schwarz-gelbes Muster und die roten und blauen Tupfer, dass es eine Freude ist, sie anzuschauen!

Schon bald fliegt der Schwalbenschwanz hinaus in den sonnigen Morgen, fliegt und fliegt. Jetzt muss er nicht mehr ununterbrochen fressen wie als Raupe, jetzt genießt er seine Flügel und den Sonnenschein darauf. Denn er ist ein Sonnenfalter und nur bei Sonnenschein fliegt er; bei Regen aber hängt er sich still mit geschlossenen Flügeln an eine Blüte und träumt und wartet auf die Sonne.

Er fliegt und fliegt, bis er an einen Hügel kommt. Hügel sind die Treffpunkte aller frisch geschlüpften Schwalbenschwänze. Hier sitzen sie mit leuchtend ausgebreiteten Flügeln auf den äußersten Astspitzen, stürmen lautlos hinauf in den blauen Himmel, drehen Spiralen in die Luft und umeinander – viele Tage lang. Dann aber wandern sie weg – vielleicht ganz nah, vielleicht sehr weit weg und vielleicht bis in unseren Garten.

Delphine

Wer mit einem Schiff auf dem Mittelmeer fährt, vielleicht von Genua nach Tunis oder von Venedig nach Haifa, und schon viele Stunden an der Reling gestanden hat und über das blaue, sonnenglitzernde Wasser geschaut hat, der kann mit etwas Glück dort dreieckige Flossen aus den Wellen herausragen sehen. Jetzt heißt es gut hinschauen: Sind es spitze, gleichmäßig dreieckige Flossen, oder sind sie von vorne nach hinten schwungvoll gebogen und hinten eingebuchtet? Die dreieckigen Flossen gehören Haien, und jedem Schiffspassagier wird ein Schauder über den Rücken laufen. Die schwungvoll gebogenen aber gehören Delphinen, und alle Passagiere werden sich an der Reling versammeln und sich über diesen freundlichen Anblick freuen. Man kann gar nicht anders als sich über Delphine freuen! Oft ist es ein ganzer Trupp, der dem Schiff folgt, eine sogenannte Schule von Delphinen, die gerne auf der Bugwelle des Schiffes reiten und sich von dieser tragen lassen, manchmal aber auch in kleinen oder bis mehrere Meter hohen Sprüngen aus dem Wasser herausschnellen und ohne zu platschen wieder hineintauchen.

Nur wenige Menschen hatten das Glück, einen wilden Delphin aus der Nähe beobachten zu können, eher geht dies schon bei den gezähmten in Zoos oder Delphinarien. Ein Delphin sieht in seinem Gesicht immer freundlich, ja sogar lächelnd aus. Aber Vorsicht! Der erste Eindruck kann täuschen: Delphine können ihren Gesichtsausdruck gar nicht ändern. Auch wenn sie wirklich wütend oder angriffslustig sind, sieht ihr Gesicht noch immer lächelnd aus. Sie haben nämlich gar keine Muskeln im Gesicht, die den Ausdruck verändern könnten. Wer Delphine kennt, kann aber an ihren Körperbewegungen

Schwungvoll gebogen ragt die Rückenflosse des Delphins aus dem Wasser.

erkennen, wie sie gelaunt sind: Mal sind sie langsam und träge, mal wieder spritzig und ausgelassen. Eigentlich ist der ganze Körper eine Art Gesicht.

Nur ganz wenige Delphine sind so zahm, dass sie sich berühren lassen. Ihre Haut ist nicht kalt wie die der Fische, sondern warm wie unsere auch, denn Delphine sind keine Fische, sondern Säugetiere, die immer gleichmäßig warmes Blut haben. Und damit sie nicht so schnell wie wir im Wasser auskühlen, haben sie unter ihrer Haut eine dicke Schicht Fett, die sie warm hält. Die Haut selber ist schwer zu beschreiben: Sie fühlt sich nicht einmal ganz glatt an, ist aber glatter als der glatteste Schiffsrumpf und deswegen ist der Delphin auch viel schneller. Techniker haben versucht, eine ebensolche Oberfläche für ihre Schiffe zu entwickeln; es ist ihnen aber nicht so gut gelungen.

Delphine haben enorm viele und starke Muskeln, mit denen sie so schnell schwimmen können, dass sie selbst Schnellbooten noch vorausschwimmen.

Da Delphine keine Fische sind, haben sie auch keine Kiemen, mit denen sie unter Wasser atmen könnten. Sie müssen daher regelmäßig, mindestens alle 15 Minuten, an die Oberfläche kommen, um zu atmen. Ihre Nasenöffnung liegt nicht vorne im Gesicht, sondern ganz oben auf dem Kopf, sodass sie nicht mit der ganzen Schnauze, sondern nur mit einem kleinen Stück aus dem Wasser herauskommen müssen. Dazu blasen sie die Luft durch das Nasenloch heraus, atmen schnell wieder ein und verschließen das Blasloch wieder, sodass kein Wasser in die Lunge kommt.

Natürlich müssen Delphine auch nachts atmen. Wenn sie schlafen, können sie aber nicht von unten an die Wasseroberfläche schwimmen. Was sollen sie also tun?

Ihre Lösung hat alle Delphinkenner sehr überrascht: Sie schlafen immer nur mit einer Körper- und Gehirnhälfte. Die andere bleibt so wach, dass sie weiterschwimmen können. Nach ein bis zwei Stunden schläft dann die andere Hälfte ein und die erste erwacht. Das ist doch wirklich verblüffend!

Delphine sind ausgezeichnete Schwimmer und können sehr weite Entfernungen im Meer wandern. Dabei schwimmen sie in Schulen von bis zu 200 Tieren. Bleiben sie dann längere Zeit an einer Stelle, etwa in einer großen Bucht, dann schwimmen sie oft zu zweit, zu dritt oder zu viert und suchen gemeinsam Tintenfische in den Ritzen der Korallenriffe oder treiben sich gegenseitig Meeresbarben oder andere Fische zu, die sie fangen. Manchmal aber jagen sie auch alle zusammen einen Fischschwarm und umkreisen ihn, manchmal auch mit anderen Delphinarten zusammen, denn es gibt über 25 verschiedene Delphinarten.

Kraftvoll springen fünf Delphine gleichzeitig.

Alle Delphine einer Schule kennen sich untereinander: sie haben verschiedene Stimmen und eigene Namen. So können sie sich auch gegenseitig rufen, denn ihre Ohren sind zehnmal besser als unsere, sodass sie sich auch im Wasser hören und verstehen können. Auch hören sie viel höhere Töne, Ultraschall, die wir gar nicht hören können. Auch mit diesen hohen Schnalztönen können sie sich gegenseitig rufen. Und am Echo können sie sogar im trüben Wasser erkennen, was vor ihnen liegt, ein Fischschwarm, ein Felsenriff oder ein Mensch. So können sie bis zu einem Kilometer weit «sehen» oder eigentlich hören. Wie sie dies genau machen, weiß man noch nicht. Aber man weiß, dass sie die für Delphine typische Ausbuchtung auf der Nase, die «Melone» dazu brauchen.

Ja, wie mit einem Ultraschallgerät können sie sogar ins Innere eines anderen Delphins hören und erkennen, ob er krank ist oder ob in seinem Bauch ein kleiner Delphin heranwächst.

Kurz vor der Geburt kommen andere Delphine zu der werdenden Delphinmutter hinzu. Das Kleine wird mit der Schwanzflosse voran scheinbar mühelos geboren. Es ist schon über 60 Zentimeter lang und sieht noch etwas verknittert aus. Die Helferinnen stupsen ihn mit ihren Nasen nach oben an die Wasseroberfläche, damit es dort seinen ersten Atemzug tun kann, denn atmen muss es erst lernen.

Der kleine Delphin hat kein Nest und keine Höhle als Unterschlupf. Er schwimmt wie alle Delphine ungeschützt im Meer. Deshalb wird er von den Erwachsenen besonders gut bewacht. Denn oft greifen Haie kleine Delphine an. Die Delphineltern aber geraten in große Wut, wenn ein Hai auftaucht. Mit ihren spitzen Schnauzen rammen sie den Hai in seinen empfindlichen Bauch und vertreiben ihn oder töten ihn sogar. Selbst die großen und gefährlichen weißen Haie können Delphinen nichts tun, wenn diese aufpassen. Wenn die Kleinen zu weit weg vom Schwarm schwimmen, werden sie mit ihren Namen zurückgerufen.

Auch wenn ein Delphin verletzt ist, schieben und tragen die anderen ihn an die Wasseroberfläche, damit er nicht ertrinkt. Allerdings bringen sie ihn nicht zu hoch auf den Strand, denn dort würde die Sonne seine empfindliche Haut verbrennen.

Ebenso haben Delphine schon Menschen vor dem Ertrinken gerettet und sie zurück an die Küste gebracht.

Manchmal freundet sich ein Delphin mit einem Menschen an. So kam in Italien immer ein Delphin an das Ufer, wo ein Junge täglich zur Schule ging. Dieser rief und fütterte ihn und bald kam der Delphin jeden Tag, auch wenn er sich weit entfernt vom Ufer aufgehalten hatte. Das ging mehrere Jahre hindurch, bis der Junge an einer schweren

Krankheit starb. Der Delphin kam immer wieder an dieselbe Stelle und wirkte traurig, bis er dort starb.

Ein anderer Delphin freundete sich mit einem jungen Beduinen in Ägypten am Ufer des Roten Meeres an. Täglich schwammen sie zusammen ins Meer hinaus. Der Delphin ließ sich streicheln und liebkosen. Der junge Beduine, der taubstumm war, war so glücklich über seinen neuen Freund, dass er ihn zu rufen begann. Und so lernte er allmählich mit dem Delphin zu reden und sogar wieder zu hören, immer mehr, bis er wieder gut sprechen konnte. So kann die Freude an einem Delphin sogar wieder gesund machen!

Täglich kam der Delphin an den Strand und die beiden spielten miteinander. Der junge Beduine fütterte ihn mit den Fischen seines Fanges oder mit Tintenfischen und ermunterte ihn zu Luftsprüngen und anderen Kunststückchen. Wenn der Delphin besonders gut gelaunt war, tanzte er sogar aufrecht über das Wasser, nur auf seine Schwanzflosse gestützt!

Eines Tages aber blieb er aus. Sieben Tage lang blieb er verschwunden. Doch als er am achten Tag wiederkam, brachte er einen kleinen Delphinsohn mit. Seither spielten sie und viele Besucher gemeinsam am Strand.

Drei Monate später aber rief der Delphin seine menschlichen Freunde mit aufgeregter, angstvoller Stimme. Zwei Beduinen folgten ihm im Motorboot und sprangen dann ins Wasser. Dort sahen sie, wie der kleine Delphin sich in ein Fischernetz verheddert hatte und zu ersticken drohte. Die Fäden eines Fischernetzes sind nämlich so dünn, dass Delphine sie mit ihrem Ultraschall nicht sehen oder vielmehr hören können.

Die beiden Beduinen begannen mit bloßen Händen die Fäden des Netzes Faser für Faser zu zerreißen. Allmählich gelang es ihnen, das Netz zu lösen. Geschafft! Sie nahmen den Kleinen mit ins Boot. Er atmete nicht mehr. Als ob er ein Kind wiederbeleben wollte, blies einer, so stark er konnte, in das Blasloch des kleinen Delphins, bis dieser wieder zu atmen begann. Seither sind die beiden unzertrennliche Freunde!

Ein anderer Mann namens Korianos wurde einmal vor langer Zeit Zeuge, wie Fischer eine ganze Schule von Delphinen fingen. Er überredete die Fischer, die Delphine freizulassen. Mehrere Jahre später erlitt sein Boot an der Küste Schiffbruch. Die gesamte Besatzung ertrank, nur ein einziger Mann, nämlich Korianos, überlebte, weil er von Delphinen zu einer Grotte getragen wurde. Die Delphine hatten ihn nicht vergessen. Bei seinem späteren Tod waren die Delphine zum Erstaunen seiner Familie und seiner Freunde wieder da, um sich zu verabschieden: Während des Begräbnisses warteten sie wenige Meter vom Ufer entfernt, bis sein Körper verbrannt war. Dann schwammen sie davon und kamen nicht mehr zurück.

Solche Freundschaften von Menschen mit Tieren sind wirklich selten. Und wie alle echten Freundschaften sind sie eine ganz große Freude!

Haubentaucher

Die Februarsonne brennt auf die silberne Eisschicht, die vor dem Seeufer und dem fahlgelben Vorjahresschilf auf dem Wasser liegt. Kreuz und quer ziehen sich Risse und Sprünge, sodass sich niemand auf das Eis wagen wird. Die Seemitte ist schon offen. Hier kräuselt ein noch kühler Wind das Wasser und der hellblaue Himmel spiegelt sich und glänzt, als müsse es jetzt ganz schnell Frühling werden.

In der Luft erklingt ein helles, sirrendes Pfeifen, das rasch näher kommt. Zwei schlanke, spitze Flügelpaare zerschneiden mit schnellem, flachem Schlag die Luft. Über dem See drehen die beiden Vögel einen großen Kreis – eine kleinere Kurve würde den rasanten Fliegern nicht gelingen –, verlieren dabei an Höhe und schießen flach auf den See zu: Die weit nach vorne gestreckten Füße durchpflügen die Oberfläche und das Wasser spritzt in hohen Fontänen nach rechts und links. Die Flügel schlagen heftig rückwärts, die nach hinten geneigten Vogelkörper werden langsamer, kippen schließlich nach vorne und tunken in das Wasser. Auf einmal schaukeln die beiden friedlich auf den selbst erzeugten Wellen. Ein paar Meter sind es noch bis zum scharfkantigen Eisrand auf der anderen Seeseite, aber nicht mehr. Gut gemacht!

Ohne zu zögern beginnen die beiden, ihr Gefieder mit dem langen, spitzen Schnabel zu putzen: erst die dunkelbraun geschuppten Rückenfedern, dann das feine weiße Bauchgefieder, das beim Schwimmen unter Wasser liegt. Dazu kippen sie sich auf die Seite oder recken Bauch und Brust hoch hinauf. Federchen für Federchen ziehen sie durch den Schnabel, bis sie an dem vorne weißen und hinten braunen Hals nicht weiter kommen, auch wenn sie sich noch so akrobatisch recken.

Sie kommen gerade vom Mittelmeer und haben eine lange Flugstrecke hinter sich; da sind die Federn strapaziert. Auf dem Wasser muss alles wieder eingefettet und in Ordnung sein, vor allem das dichtfilzige, seidenweiche Kleingefieder am Bauch, denn das hält das Wasser beim Schwimmen vom Körper ab. Aber auch alle anderen Federn müssen wasserdicht sein, denn diese Vögel sind Taucher.

Wie zur Bestätigung tunkt der eine den Kopf unter Wasser und lässt beim Heraufholen dicke Wassertropfen über den Rücken perlen. Der andere taucht mit einem schwungvollen Schwups vornüber und ist verschwunden. Nur ein paar Luftblasen zeigen seine Unterwasserspur an. Wie ein losgelassener Korken schießt er wieder nach oben. Mit schnellen Kopfbewegungen sehen die beiden sich um. Ist noch alles in Ordnung, seit sie ihr Revier beim ersten Frost im letzten Herbst verlassen haben? Es sieht so aus. Das ist gut so. Nach dem anstrengenden Flug wollen die beiden ihren See mindestens ein halbes Jahr lang nicht mehr verlassen. Auch wenn sie so pfeilschnell fliegen, ist die Luft nicht ihre Heimat. An Land kommen sie mit ihren weit hinten sitzenden Füßen nur langsam und unbeholfen watschelnd voran. Auf dem Wasser aber sind sie schnell und wendig, schneller als Enten oder andere Wasservögel. Unter Wasser legen sie ihr Gefieder an und sind dank ihres schlanken Körpers und ihrer kräftigen Ruderfüße noch einmal schneller als auf dem Wasser. Kurz: Sie sind die Herren auf dem See und werden dies jedem klarmachen!

Schon am nächsten Tag wird sich das zeigen: Ein junger, noch unerfahrener Taucher auf der Suche nach einem eigenen Revier wassert flügelschlagend und spritzend am hinteren Ende des Sees. Den beiden, die dies beobachten, spreizen sich sogleich die langen schwarzen Federn auf der Kopffläche, die rostroten Federn am Hals und die schokoladenbraunen Federn an ihrem Kragen. Bisher lagen alle dicht an, doch nun stehen sie so weit ab, dass ihr Kopf von vorne

Männchen und Weibchen des Haubentauchers sehen gleich aus.

fast katzenartig breit aussieht. So, mit gesträubter Haube – von der sie ihren Namen haben – schwimmen die beiden Haubentaucher unverzüglich auf den Neuankömmling zu. Jetzt sträuben sich auch die Rückenfedern. Den Kopf strecken sie nach vorne, flach über das Wasser. Ihre Stimmen knurren tief: «Aorrr-aorrr». So schießen sie auf den Fremden zu. Der taucht ab und versucht zu entkommen. Aber als auch einer der beiden untertaucht und mit spitzem Schnabel, wie mit einer Lanze, drohend auf diesen zuschießt, während der zweite die Wasseroberfläche bewacht, gibt er auf: Kräftig mit den Flügeln schlagend und mit beiden Füßen laut platschend, läuft er weit über den See, bis ihn seine Flügel endlich tragen. Wie gut, dass der See vorher schon aufgetaut war, denn Starten braucht mehr Platz als Landen.

Wäre der See größer, oder würden mehr Fische in ihm vorkommen, so hätten die beiden durchaus das eine oder andere Haubentaucherpaar geduldet. So aber wird es gerade reichen, die eigenen Jungen satt zu bekommen. Die dürfen nicht gefährdet werden!

Das imponierende Drohen der Haubentaucher – zu einem wirklichen Kampf kommt es fast nie – wirkt auf den Zuschauer fast wie ein Ritterkampfspiel. Was darauf folgt, scheint ein eleganter, höfischer Rittertanz zu sein:

Die beiden Haubentaucher, Männchen und Weibchen völlig gleich gefärbt und gleich groß, schwimmen einander entgegen und blicken sich an. Sie richten die Hälse steil auf, wiegen die Köpfe etwas, Federhaube und Kragen sträuben sich auf. Erst schüttelt der eine den Kopf, dann der andere. «Kröck-kröck-kröck-kröck» ertönt es einmal – und noch einmal. Sie wenden die Köpfe: erst nach links, dann nach rechts, immer abwechselnd. Schließlich verbeugen sie sich voreinander – beide gleichzeitig, immer wieder. Die Köpfe sausen knicksend auf und ab, und Schnabel und Brust berühren sich beinahe. Dann tauchen beide plötzlich ab und kommen nach einer Weile mit einem Stück Schilf im Schnabel wieder hoch. Sich gegenüberstehend, treten sie so heftig mit den Füßen im Wasser, dass der Oberkörper zur Hälfte aus dem Wasser aufragt und sich die Schnäbel mit dem Nistmaterial fast berühren. Zuletzt schwimmen sie – streng parallel, einer neben dem anderen – eine große Runde um den See, ihr Revier. Vielleicht wirken die ständigen knicksenden Verbeugungen auf den Zuschauer etwas komisch – oder doch eher wie ein aus der Mode geratener, strenger mittelalterlicher Tanz!

An einer gut geschützten Stelle, möglichst im Schilf, wo man es nicht sieht, tragen die beiden nun Pflanzenreste zusammen: zuerst lange Schilfstücke, die sie um noch senkrecht stehende Schilfhalme des Vorjahres oder um ins Wasser ragende Äste winden, bis sie eine halbmetergroße, schwimmende Plattform errichtet haben, die fest angebunden ist. Wer nach den imposanten Ritterkampfspielen und Rittertänzen nun ein sorgfältig geflochtenes und fein ausgepolstertes Nest erwartet, sieht sich getäuscht: Grob nur werden die Stängel zu einem

Gerade erst ist das Haubentaucherjunge geschlüpft und sitzt schon unter Mutters Flügeln.

lotterigen Haufen zusammengesteckt; alte Seerosenblätter, Schlamm und Modder füllen die Lücken. Mit ein paar Körperdrehungen wird eine Mulde in den Haufen gedrückt. Das erinnert eher an eine schmuddelige Raubritterburg als an einen gepflegten Adelssitz!

In das fertige Nest – manchmal auch schon ein paar Tage früher – legt das Weibchen frühmorgens die Eier: vier bis fünf, hühnereigroß mit weißer, leicht bläulich schimmernder Schale. Doch bald schon färben sie sich von den feuchten Pflanzenteilen und dem Modder grünlich-bräunlich. Denn im Nest wird es nie trocken: Die unteren Schilfhalme sind bald voll Wasser gesogen, faulen und sinken auf den Seegrund. Der Wasserspiegel steigt im Nest und erreicht die Eier. Würden die beiden Haubentaucher, die sich beim Brüten regelmäßig abwechseln, nicht ständig neue Pflanzen mitbringen, würde das Nest wohl ganz untergehen oder die Eier würden durch die immer größeren Lücken hindurchplumpsen. Ein solch lotteriges Nest sieht aus wie ein von Wind und Wellen zusammengeschobener Haufen und ist als Nest kaum zu erkennen. Und das ist gut so, denn auch die Rohrweihe erkennt es nicht oder der Schwarm Krähen, der immer wieder darüber hinwegstreicht, oder eine durch das Wasser schwimmende Bisamratte. Die hat der brütende Taucher schon von Weitem erspäht und ist still und heimlich verschwunden. Vorher hat er die Eier schnell noch mit alten Pflanzen abgedeckt, unter denen sie nicht zu sehen sind.

Zum Glück halten es die Eier – anders als die anderer Vögel – gut aus, einige Stunden auszukühlen und im feuchten, ja nassen Nest zu liegen. Haubentaucher sind eben schon im Ei echte Wassertiere.

Nach vier Wochen piepst es leise in einem Ei: «Jib-jib» – das erste Junge ist bereit zu schlüpfen. Schon eine halbe Stunde nachdem es sich aus dem Ei befreit, hat ist das Küken trocken und versucht gleich, bei Mutter oder Vater auf den Rücken zu gelangen, wo es sich unter den Flugeln warm und gemütlich einrichtet. Dort auf dem Rücken wird es auch seinen ersten Ausflug machen und mit seinem keck schwarz-weiß gestreiften Kopf unter dem Flügel hervorlugen.

Kaum aber fiepst es aus dem zweiten Ei, eilt die Mutter zurück, um dem zweiten Jungen zu helfen. Sind alle Küken geschlüpft, verlässt die ganze Familie das moderne Nest, das bald versinken wird. Von nun an sitzen die Jungen bei der Mutter auf dem Rücken, während der Vater Futter fängt – oder umgekehrt. Zuerst bekommen die Kleinen Wasserkäfer, Libellenlarven oder Krebschen serviert, nach einigen Tagen die ersten kleinen Fische, die sie Kopf voran verschlucken. Später werden handspannengroße Fische, die die Eltern im schnellen Tauchen überraschen und geschickt mit dem Schnabel packen, ihre Hauptnahrung sein. Zwischendurch erkunden die Kleinen selber das

Wasser und picken nach kleinen Insekten. Sind sie erschöpft, streckt ihnen ein Erwachsener einen Fuß im Wasser entgegen. Den erklettern sie und werden – mit einem Schubs – auf den Rücken befördert.

Die Kleinen sind von allen Seiten her bedroht: Tief im Wasser steht lauernd der Hecht, der darauf wartet, von unten emporzuschießen und ein unachtsames Küken in seinem großen Maul zu verschlingen. Am Seeufer streunen Hunde und Ratten, die mitunter im Wasser schwimmen. Auch aus der Luft droht Gefahr durch den Fischreiher mit seinem langen Schnabel. Gut, dass die Kleinen sich bei Gefahr zu den Eltern flüchten und dort verstecken können!

Im Herbst sind die jungen Haubentaucher so groß wie ihre Eltern. Die haben ihren Kopfputz inzwischen abgeworfen – gemausert – und so sehen sie diesen auch ganz ähnlich. Ein aufregendes Jahr geht zu Ende. Bald wird es Zeit, ins Winterquartier zu fliegen: an einen großen, eisfreien See, wo sich viele Haubentaucher treffen, oder wieder an das Mittelmeer.

Schwalben und Segler

Wo die Schwalben ankommen, da herrscht Freude! Jahrhundertelang bliesen die Turmwächter in Deutschland einen schmetternden Trompetenstoß, sobald sie im Frühjahr die ersten Schwalben sahen, und erhielten dafür am Abend im Ratskeller einen Ehrentrunk. Auf manchen Gütern ging der Hausherr mit seiner Familie den ersten Schwalben entgegen, um sie feierlich zu begrüßen. Solange man denken kann, gehören die Schwalben zum Menschen und bauen ihr Nest in seinen Häusern und Ställen. Den schönen Sommer über bleiben sie hier und erfreuen jeden, der es hören mag, mit ihrem schnurrenden Zwitschern und Plaudern. Doch wenn es im September kühl wird und heftige Regenschauer heraufziehen, dann sammeln sich die Schwalben in großen Scharen auf Telefondrähten und Regenrinnen, Antennen und Dachfirsten. Sie proben den Heimflug in kleinen und großen Gruppen. Und was für ein schöner, eleganter Flug ist das! Verspielt und trotzdem schnell und kraftvoll sieht er aus. Ihn zu beschreiben ist schwer, ist er doch – kaum gesehen – schon wieder vorüber. Hören wir einige Vogelkenner:

«Sie schwimmt, schwebt, immer dabei rasch fortschießend oder fliegt flatternd, schwenkt sich blitzschnell auf- oder abwärts, schießt in einem kurzen Bogen bis fast zur Erde oder auf den Wasserspiegel herab oder schwingt sich ebenso zu einer bedeutenden Höhe hinauf ... bald mit angelegten Flügeln die Straßen entlang schießend, dass man die schlanken Körper förmlich sausen hört, bald mit vorgestrecktem Kopf flatternd, dass die stahlblauen Rückenfedern über den Hals hinweg schimmern, bald auf- und abwärts turnend und wunderbare Flugbewegungen machend ... Sie fliegen aufwärts immer steiler senkrecht

Metallisch blau glänzt das Gefieder der Rauchschwalbe.

hinauf, dann hinten über, bis der Rücken fast horizontal liegt, dann drehen sie sich mit einer einzigen Flugbewegung um und schwimmen auf der Brust in der Richtung weiter, die sie fast auf dem Rücken liegend angenommen hatten.»

Ein rasend vorwärtsschießender Flug kann plötzlich in einen sanften Gleitflug übergehen, in dem die Schwalbe wie in warmem Wasser zu schwimmen scheint. Erspäht sie eine Mücke über sich, wendet sie sich in einer raschen Flugkurve nach oben, um diese zu erhaschen, dann wieder nach unten, und so fort, in immer wechselndem Flug. In den Straßen, zwischen Häusern fliegen die Schwalben oft so unbekümmert, als würden sie gar nichts um sich herum sehen und als müssten sie jeden Augenblick gegen eine Wand fliegen. Doch wenige Zentimeter davor weichen sie mit einer blitzschnellen Wendung aus. Ein einziges Mal sah ich zwei Schwalben zusammenstoßen und einige Meter abwärts fallen. Doch lange bevor sie den Boden erreichten, fingen sie sich wieder und stoben davon.

Niemand wusste, wo die Schwalben den Winter verbringen. Weil man im Herbst oft sah, dass Schwalbenschwärme in der Abenddämmerung im Schilf von Seen einfielen, dachte man sogar, dass sie den Winter eingefroren im Schilf verbringen würden, um im Frühling wieder aufzutauen. Das ist natürlich ganz unmöglich! Erst als die ersten Forscher kleine, leichte Aluminiumringe mit Nummern an den Beinen von Schwalben befestigten, fand man diese später wieder: in Sizilien, in Spanien, in Kenia, Uganda oder Südafrika.

Heute weiß man, dass die Schwalben nicht in Europa überwintern, sondern sehr weit nach Süden, quer über das Mittelmeer bis nach Afrika fliegen. Manche nehmen die kürzest mögliche Strecke über Gibraltar oder machen Rast auf Sizilien oder Kreta. Diejenigen, die das Meer an seinen breiten Stellen überqueren, landen, besonders wenn sie erschöpft sind, gerne auf Schiffen, um sich etwas auszuruhen.

Die in Deutschland, Holland, Belgien, Polen und Skandinavien brütenden Schwalben fliegen bis in den Regenwald des Kongo. Englische und dänische Schwalben überwintern in Südafrika. Sie fliegen gemeinsam in Trupps von 30 bis 50 Schwalben und oft schließen sich mehrere Trupps zusammen. Früher sah man manchmal Schwalbenzüge mit über 1000 Schwalben.

Wenn die Schwalben im Herbst wegziehen, haben sie es gar nicht eilig. Solange das Wetter noch schön ist, ziehen sie gemächlich: 100 bis 150 Kilometer am Tag, die sie in drei bis vier Stunden zurücklegen. Den Rest des Tages pflegen sie ihr Gefieder und fangen Insekten: fliegende Blattläuse, Mücken, Bremsen, Libellen – alles was fliegt und in ihren Schnabel passt. Die Alpen überqueren sie über möglichst niedrige Pässe; sie überfliegen aber selbst die höchsten Gipfel. Gefährlich wird es erst, wenn auf der Nordseite der Alpen Gewitter und Schneetreiben einsetzen. Dann sind schon manche Schwalben vor Kälte erstarrt und erfroren. Tierschützer sammeln die erstarrten Schwalben manchmal ein und schicken sie in Kartons mit der Eisenbahn auf die Südseite der Alpen, wo es warm ist und die Schwalben ungehindert weiterfliegen können.

In Afrika angekommen, haben die Schwalben keinen festen Ort, an dem sie bleiben, sondern vagabundieren dort herum, wo es ihnen am besten gefällt. Nach wenigen Wochen schon treibt sie die Sehnsucht wieder zurück. Doch nun ziehen sie eilig und zielstrebig nach Hause: In fünf bis sechs Wochen haben sie ganz Afrika von der Südspitze bis zum Mittelmeer überflogen. Schon im März haben die schnellsten Deutschland erreicht; bis in den Mai hinein kommen dann die letzten und langsamsten zurück. Daher kommt auch das Sprichwort, dass die erste Schwalbe noch keinen Sommer mache.

Ebenfalls mit Aluminiumringen konnte man zeigen, dass die Schwalben nicht nur ihr Dorf wiederfinden, in dem sie aufgewachsen sind, sondern sogar das Haus und das Nest, in dem sie geboren wurden. Am liebsten suchen sie wieder ihr eigenes Nest auf. Wenn es schon besetzt ist, bauen sie eines in der Nachbarschaft. Es gab schon Schwalben, die acht Jahre lang in ihrem Nest jedes Jahr treu gebrütet haben – viel länger leben Schwalben nicht. Nur in Gefangenschaft wurde eine Rauchschwalbe einmal 16 Jahre alt.

Wie finden sie über 10000 Kilometer zurück zu ihrem Nest? Haben sie sich eine Landkarte zusammengestellt, als sie das erste Mal nach Afrika flogen? Haben sie einen inneren Kompass? Wissen sie, wo die Sterne stehen und die Sonne? Kein Mensch weiß es. Die Schwalben können es uns nicht erzählen, doch sie finden ihr Ziel.

Die Nester von Rauchschwalben und Mehlschwalben kann man leicht unterscheiden: Die weißbäuchigen Mehlschwalben bauen ihre Nester außen an Hauswänden, unter Dachsimsen oder Vordächern. Die größeren, rotbraunkehligen, spitzflügeligen und langgeschwänzten Rauchschwalben hingegen sausen durch ein offen stehendes

Fenster in warme Kuhställe oder Keller im Inneren von Gebäuden. Sie haben auch schon in griechischen Tempeln gebrütet, im Notfall auch in Gaststätten, Campingplatzduschen oder Bahnhofshallen, unter Hamburgs Alsterarkaden oder im Kreuzgang des Klosters Maria Laach, denn sie sind erfinderisch. Als früher in England breitere Kamine üblich waren, nisten sie auch dort im Rauchfang. Auch unter der Wölbung des Schaufelrades eines Schweizer Dampfers brüteten einmal Rauchschwalben. Als der Dampfer nach längerer Zeit wieder losfuhr, folgten die Schwalben ihrem bewegten Nest und fütterten weiterhin ihre Jungen.

Die meisten Schwalbennester findet man bei kleineren Seen, wo sich im Sommer die Mücken tummeln, oder in der Nähe von Kuh- oder Schafherden, die von Fliegen und Bremsen umsummt sind, denn das ist ihre Hauptnahrung. Dabei mögen die Rauchschwalben lieber ältere Ställe mit großem Misthaufen vor der Tür als die modernen, kühlen und allzu oft gereinigten.

Das Schwalbenmännchen sucht die Stelle auf einem Balken oder Vorsprung nahe der Decke aus, wo das neue Nest gebaut werden soll, und zeigt es dem Weibchen. Sind sich beide einig, sammeln sie in feuchten Pfützen kleine Lehmklümpchen, die sie im Schnabel auf den Balken tragen und dort mit Speichel verklebt ansetzen. Etwa tausend solcher Klümpchen tragen sie herbei und kleben eines über das andere fest, wobei sie auch Grashalme oder Pferdehaare mit einbauen, die dem trocknenden Nest mehr Halt geben. Die Rauchschwalbe formt eine viertelkugelige, offene Schale, die Mehlschwalbe schließt ihr Nest bis auf eine runde Öffnung ganz. Nach sechs Tagen ist das äußere Nest fertig, am siebten Tag wird es von innen geglättet und mit weichen Federn, Daunen oder Schafwolle ausgepolstert: eine warme und gemütliche Höhle! Als ein schon fertiges Nest eines Rauchschwalbenpaares einmal durch ein Unglück zerstört wurde, taten sich 14 Schwalben zusammen und

An Pfützen holen die Mehlschwalben Schlammklümpchen, um daraus ihr Nest zu bauen.

bauten gemeinsam an nur einem Tag ein neues. Dicht an dicht hängen die Mehlschwalbennester am Giebel der Häuser, früher waren es oft 30 oder 40. Die Rauchschwalben mögen etwas mehr Abstand untereinander; doch auch sie bewohnten früher zu 20 bis 30 Paaren einen Stall. Es gab sogar einen Bauernhof mit 120 Rauchschwalbennestern. Leider sind sie heute nicht mehr so zahlreich.

Wenn das Nest fertig ist, legt das Weibchen gleich am nächsten Tag die Eier, meist vier oder fünf. Nun brütet es in dem weich gepolsterten Nest, während das Männchen in der Nähe sitzt und ihr etwas vorzwitschert und – schnurrt. Kommt eine Katze zu nahe, so stürzt sich das Männchen todesmutig auf sie, zischt aber im letzten Moment vor ihrer Nase vorüber, immer wieder. Andere Schwalben kommen zu Hilfe und gemeinsam vertreiben sie den scharfkralligen und so viel größeren Feind.

Ein Mensch aber darf sich vorsichtig nähern: Gar nicht ängstlich bleibt das brütende Weibchen im Nest sitzen. Nun kann man von Nahem den metallisch-stahlblau glänzenden Rücken bewundern, die braunrote Kehle der Rauchschwalbe, den kurzen, breiten Schnabel, die sanft glänzenden Augen und die langen, aus dem Nest herausragenden Flügel- und Schwanzspitzen. Mit der Zeit gewöhnen sich die brütenden Schwalben an den besuchenden Menschen, erkennen ihn und begrüßen ihn, indem sie ihm zwitschernd entgegenfliegen. Doch wenn man ihr Vertrauen missbraucht und ihr Nest zerstört, werden aus den zutraulichen Schwalben scheue, misstrauische Vögel, die nie wieder an diese Stelle zurückkehren.

Ab und zu verlässt das Weibchen das Nest, um selber etwas zu fressen, sodass man vorsichtig einen Blick auf die nur fingernagelgroßen Eier werfen kann: weiß, manchmal mit grau-braunen Flecken. Die Eier kühlen – anders als bei anderen Vögeln – nicht aus, da sie ja von den Daunen warm gehalten werden.

Nach etwa zwei Wochen schlüpfen die Jungen. Die Mutter hilft ihnen, die Eischale zu entfernen. Sie sind noch sehr klein, wiegen kaum zwei Gramm und sehen noch recht struppig aus. Doch die Federn wachsen schnell, fünfzig mal schneller als ein menschlicher Fingernagel. Bald schon sitzen die Schwälbchen recht elegant, aber dicht gedrängt auf dem Nestrand. Sobald Mutter oder Vater mit dem Schnabel voller Futter und einem leisen «Whitt»-Ruf ans Nest kommen, sperren sie ihre breiten Schnäbel weit auf. Die noch gelben Schnabelränder verraten, dass sie noch jung und noch nicht flügge sind. Drei Wochen lang füttern die Eltern am Nestrand, dann locken sie die Jungen mit kleinen Futterbrocken aus dem Nest heraus. Hüpfend fliegen diese mit ihren noch kurzen Flügeln vom Nest auf den nächsten Balken, wo sie

3500 Jahre alt sind diese Wandmalereien von verspielt fliegenden Rauchschwalben.

dann belohnt werden. Im Herbst sind sie schon perfekte Flieger und so groß, dass man sie kaum noch von den Erwachsenen unterscheiden kann. Gemeinsam mit den Eltern ziehen sie zum ersten Mal in den Süden bis Afrika. – Wir aber sitzen dann im winterlich kalten Norden und warten sehnsüchtig auf den Frühling und die freundlich frühlingskündenden Schwalben.

In einer alten Legende heißt es: Als der Mensch aus dem Paradies vertrieben wurde, stand da der Cherub mit dem Flammenschwert und hieß alle Tiere zurückbleiben. Nur der Schwalbe gelang es, am wachsamen Cherub vorbeizuschlüpfen. Seit dieser Zeit teilt sie mit dem Menschen das Erdenleben und ist als Vogel der Freude seine Verbindung zum Paradies.

Den Germanen galt die Schwalbe als Botin der Göttin Iduna, der immerwährenden, freudigen Jugend. Die Griechen bemalten schon vor 3500 Jahren die Wände eines Heiligtums auf der Insel Santorin mit verspielt über Lilien fliegenden Schwalben. Sie sahen in ihr einen Vogel der Aphrodite, der Göttin der Liebe. Natürlich – denn wer sonst schwingt sich so anmutig und sehnsuchtsvoll in die Lüfte, wer sonst zwitschert und schnurrt so vertraut und liebevoll wie sie?

An heißen Sommertagen sausen durch die Häuserschluchten von Großstädten Trupps, die manchmal für Schwalben gehalten werden. Doch ihre schrillen «Srriiihh-srriiihh»-Schreie haben gar keine Ähnlichkeit mit dem sanft plaudernden Zwitschern der Schwalben. Ihr reißender, akrobatisch-halsbrecherischer Flug ist noch rasanter als der Schwalbenflug. «Vorwärts! Vorwärts!» scheint ihr Schrei zu verkünden. Die verspielt-eleganten Wendungen des Schwalbenfluges fehlen ihnen. Immer stürmen sie geradeaus oder mit scharfen Flugmanövern an Regenrinnen oder Dachfirsten entlang. Wer genauer hinschaut, sieht, dass die sichelförmigen, lang gezogenen Flügel nicht immer gleichzeitig auf- und abschlagen, sondern rechter und linker Flügel abwechseln. Aus der Nähe fehlt dem Vogel das metallische Blau auf Rücken und Flügeln; der torpedoförmige Körper und die schmalen Flügel sind ganz und gar grau-schwarz, nur die Kehle ist etwas aufgehellt. Nein, das sind keine Schwalben, sondern Mauersegler.

Vier Wochen vor Johanni, dem sommerlichen Sonnenhöchststand, treffen sie als letzte Zugvögel bei uns ein, um sich schon vier Wochen nach Johanni als Erste wieder auf den Rückweg zu machen. Immer haben sie es eilig. Hat schon einmal jemand einen Mauersegler sitzen gesehen? Eigentlich fliegen sie immer – und immer schnell. Um Nahrung aufzunehmen, begeben sie sich nicht auf die Erde, sondern erhaschen sie im Flug – treibende Spinnen und fliegende Insekten aller Art, die ihrem weit aufgerissenen Rachen nicht entkommen – immer stieben sie geradeaus, ohne sich um das, was oben oder unten fliegt, zu kümmern.

Selbst zum Schlafen lassen sie sich nicht auf die Erde nieder. Nachts steigen sie in große Höhen hinauf, breiten die Flügel aus und schlafen im Flug. Nur ab und zu schlagen sie mit den Flügeln, um nicht zu tief abzusinken – ohne dabei zu erwachen. Frühmorgens, wenn es hell wird, wachen sie manchmal viele Hunderte Kilometer entfernt auf, weil der Wind sie verfrachtet hat; aber in ihrem schnellen Flug sind sie bald wieder zurück.

Auch das Baumaterial für ihre Nester schnappen sie in der Luft auf: Federchen, feinste Fasern oder Härchen, die sie mit ihrem klebrigen Speichel einschmieren und in einer kleinen Nische oder Höhle zu einer flachen Nestschale zusammenkleben. Nur zum Brüten müssen sie den Luftraum verlassen und sich auf die Erde begeben; aber es ist der höchste Zipfel Erde, den sie aufsuchen: hochgeschossige Häuser, Türme, Schornsteine oder alte Bunker mit kleinen Nischen und Lücken, in die sie von außen mit rasantem Schwung einfliegen. Mit großen, kräftigen Füßen klammern sie sich am Mauerwerk fest. Laufen können sie nur schwer. Auf dem Erdboden sind sie nicht zu Hause. Ein notgelandeter Mauersegler hat oft Mühe, allein wieder abzufliegen. Manchmal liest man, man solle ihn in die Luft werfen, dann flöge er auf und davon. Das ist aber ganz falsch! Mauersegler landen niemals freiwillig auf dem Erdboden, denn nur die Luft ist ihr eigentliches Element. Findet man trotzdem einen auf dem Boden, so hat er vielleicht einen gebrochenen Flügel. Oder es ist ein Jungvogel, der aus dem Nest gefallen ist und noch gar nicht fliegen kann. Keinesfalls darf man ihn dann in die Luft werfen; das würde ihn nur noch mehr verletzen. Manchmal kann man einen gebrochenen Flügel schienen, sodass er wieder heilt.

Beim Ausbrüten der zwei oder drei Eier wechseln sich Männchen und Weibchen ab. Doch selbst in diesen eigentlich ruhigen und friedlichen Zeiten sind sie voller Unrast; kaum einmal sitzen sie still. Sie putzen und schütteln sich, beklopfen die Wände oder bauen am Nest, als könnten sie die Stille nicht ertragen und warteten voller Drang darauf, wieder abzufliegen. Schaut ein anderer Mauersegler zum Höhleneingang herein, oder gar ein Spatz oder Star, der einen Nistplatz sucht, so stürzt ihm der Mauersegler mit gespreizten Flügeln und vorgereckten, scharfen Klauen entgegen. Oft kämpfen zwei Mauersegler miteinander und verkrallen sich ineinander – harte Kämpfe, die manchmal Stunden andauern.

Nach drei Wochen schlüpfen die Jungen. Sie werden mit kleinen Bällchen aus jeweils mehreren hundert Insekten gefüttert, die die Altvögel von ihren Flügen heimbringen. In Zeiten schlechten Wetters, wenn bei Regen keine Insekten fliegen, können die Kleinen mehrere Tage lang ohne Nahrung auskommen, werden dabei aber klamm und wachsen nicht weiter. So überstehen sie Hungertage. Nach sechs Wochen rücken die Jungen immer näher an den Höhlenausgang. Ganz alleine, ohne Hilfe der Eltern oder Geschwister stürzt sich dann ein junger Mauersegler in die Luft und kann sofort rasant fliegen. Das muss er auch, denn schon nach wenigen Tagen ziehen die Mauersegler fort: wie die Schwalben nach Zentral- und Südafrika, besser gesagt in den Luftraum über Afrika, denn afrikanischen Boden berühren sie nie. Auch auf dem Weg sind sie immer in Eile: Im schnellen Flug erreichen sie 100, bei Flugspielen auch über 200 Stundenkilometer.

Andere Seglerarten, die Salangane, die in großen Höhlen auf thailändischen oder malaysischen Inseln brüten, bauen ihr kleines, halbmondförmiges Nest ohne Hälmchen und Federn nur aus dem eigenen Speichel, der an der Luft erhärtet. Diese nur wenige Zentimeter großen Nester gelten in China als besondere Delikatesse und werden in halsbrecherischer Arbeit von den Höhlenwänden gekratzt. Sie werden als «Schwalbennester» verkauft, obwohl Salangane zu den Seglern gehören und wie diese nur eine scheinbare Ähnlichkeit mit Schwalben haben: Salangane sind wie alle Segler stürmische, hereinbrechende Flieger, die wie in die Luft geschleuderte Sicheln einherwirbeln – Schwalben hingegen leichtfüßig-elegante Tänzer, die mit kraftvollem Schwung luftig-zarte Pirouetten drehen. Wer würde sie verwechseln?

Der Igel

Es schmatzt und raschelt im Gebüsch. Sind es Diebe und Einbrecher, die sich hier in der Dunkelheit eines Frühlingsabends verstecken? Wenn man mutig näher tritt, ist es plötzlich still. Doch nach einigen Minuten ruhigen und geduldigen Wartens raschelt es wieder. Wer stille hält, sieht in dem Dunkel vielleicht eine graue Halbkugel, die sich scheinbar ohne Beine wie ein Blechspielzeug auf Rädern fortbewegt. Erst wenn der Igel aus dem dichten Gebüsch auf eine offene Wiese trottet, sieht man ihn ganz. Hat er keine Beine? Nur kleine Füße schauen unter dem Stachelkleid hervor – also doch kein Blechspielzeug auf Rädern. Der grau-braun behaarte Bauch rutscht und schlurft fast auf dem Boden. Nur wenn der Igel es eilig hat, streckt er seine fingerlangen Beine unter dem Stachelkleid hervor und läuft recht flink. Im Igeltrab kann er sogar einen Fußgänger überholen.

Wer mehr vom Igel sehen will, muss näher herankommen. Doch ein Tritt auf einen knackenden Ast – und der Igel zieht sich zusammen. Er krümmt den Rücken und biegt den Kopf bis zu dem kurzen Schwänzchen. Dann stülpt er schnell seine Stachelhaut über den ganzen Körper und zieht die Hautmuskeln zusammen – wie man eine Hülle über einen Schlafsack stülpt und mit der Kordel zusammenzieht. Die vorher flach angelegten schwarz-weiß gebänderten Stacheln richtet er steil auf. Ein Hund, der ihn frech mit seiner Schnauze aufstöbern will, zieht diese vor Schmerz jaulend zurück. Hunde kläffen oft wütend, weil sie dem Igel nichts anhaben können, sondern sich nur selbst verletzen. Der Igel hat Geduld. Er kann warten. Nach einer Weile schaut die feuchte Igel-Nasenspitze vorwitzig wieder ein Stück hervor, schnauft und wittert, ob die Luft rein ist.

Die lange Nase ist des Igels wichtigster Sinn. Ihr folgt er auf seinen Igelwegen in der Nacht. Duftet es zart nach weichen Regenwürmern? Riecht es scharf nach den strengen Absonderungen von Laufkäfern oder Tausendfüßlern? Sticht ihm giftiger Wespengeruch in die Nase? Steigt der süßliche Faulgeruch von verwesendem Mäusefleisch auf? Oder kitzelt ihn die Ausdünstung einer Bodenspinne in der Nase? Nichts wie hin! Dann hört man ihn schnurpsen, schmatzen und einen Insektenpanzer oder einen Mäuseknochen zerknacken. Der Igel ist nicht wählerisch: Alles was zappelt, nicht schnell genug davonläuft und in sein Igelmaul passt, zerbeißt er mit seinen 36 scharfen Zähnen. Nur in Notfällen nimmt er auch Bucheckern, Pilze oder herabgefallenes reifes Obst zu sich.

Riecht etwas fremd und seltsam oder unangenehm, eine kalte Zigarettenkippe, ein Stück parfümierte Seife oder die Politur am Tischbein im Wohnzimmer, so beißt der Igel darauf herum, bespuckt es und schmiert sich den Speichel ins eigene Gesicht und unter Verrenkungen über die Beine und den ganzen Stachelpelz. Vielleicht überdeckt er so den fremden, unangenehmen Geruch durch seinen eigenen? Wir wissen es nicht genau. Stubenrein ist der Igel jedenfalls nicht – oft sitzen Flöhe zwischen seinen Stacheln und manchmal stinkt er sogar ganz kräftig. Er ist eben kein Schoßhündchen, sondern ein Wald- und Wiesenkerl!

Von Geruch zu Geruch streift der Igel durch Gärten, Hecken und Parks, mal gemütlich trottend, mal zielstrebig wetzend. Nach zwei bis drei Nachtstunden sucht er sich erst einmal einen Laubhaufen oder einen Stapel Holz, legt sich halb eingerollt auf die Seite und schläft. Gegen Mitternacht erwacht er wieder und beginnt seine zweite Runde: durch den Gemüsegarten mit den fetten Nacktschnecken am Salat, unter die Hecke mit den Mistkäfern und dem Wespennest, über den Sportplatz, wo an den Graswurzeln die fetten Schnakenlarven stecken,

Immer der schnüffelnden Nase nach ...

und über die Gartenterrasse mit dem Schälchen Katzenfutter. Wieder ruht er sich ein paar Stunden in einem dicken Grashorst versteckt aus. Gegen Morgen unternimmt er dann die dritte und letzte Runde. Zwei bis drei Kilometer legt er so jede Nacht zurück: nicht geradewegs, sondern in großen Schlenkern und Bögen. Manchmal durchschwimmt er auch einen Teich bis an das andere Ufer, obwohl er eigentlich wasserscheu ist. Doch Gartenteiche und Schwimmbecken sind gefährlich. Wenn er hineinfällt, findet er meist keine flache Stelle als Ausstieg und er ertrinkt.

Den Tag über verschläft der Igel in einem Versteck im Geräteschuppen oder unter einem Reisighaufen, wo ihn keine aufdringliche Hundenase aufstöbert. Zehn bis dreißig Hektar ist das Gebiet groß, das der Igel durchwandert und wo er seine Nahrung sucht, also zwischen 15 und 50 Fußballfeldern. Dabei können mehrere Igel dieselben Igelpfade benutzen. Wenn zwei Igel sich in der Nacht treffen, gehen sie einander einfach aus dem Weg. Ein Igel braucht kein eigenes Königreich, das er verteidigen würde. Er braucht nur Platz um sich herum. Wenn ein anderer Igel ihm etwa seine Schnecken streitig macht, vertreibt er ihn mit Bissen und aufgerichteten Stacheln. Der Igel ist am liebsten alleine und ungestört. Dank seiner Stacheln fürchtet er (fast) nichts und (fast) niemanden. Und er braucht auch (fast) niemanden.

Nur im Frühjahr sucht der Igel eine Igelin. Und die Igelin duldet ihn eine Weile in ihrer Nähe. Doch schon bald geht jeder wieder seiner Wege. Im Mai richtet die Igelin sich eine versteckte Stelle ein, die sie mit Gras oder Laub polstert. Dort bringt sie ihre vier bis fünf Jungen zur Welt. Sie sind winzig klein, sechs bis neun Zentimeter lang, und tragen klitzekleine, weiße, weiche und biegsame Stacheln, während der Bauch noch ganz rosa ist. Die Mutter leckt sie trocken und säugt sie. Nach drei Wochen öffnen sie die Augen und bekommen neue, härtere, schwarz-weiße Stacheln. Dann lernen sie auch, sich zusammenzurollen. Ende Mai folgen sie der Mutter schon gelegentlich auf kleinere Ausflüge. Dabei pfeifen und zirpen sie, wenn die Mutter zu weit vorläuft. Die Jungen bleiben noch mehrere Monate bei der Mutter und verbringen oft auch den Winter gemütlich gemeinsam in der Höhle.

Was macht der Igel im Winter? Bei Frost oder im Schnee findet er gar nichts zu fressen. So beginnt er bereits im Herbst, sich von den fetten Schnecken eine dicke Speckschicht anzufressen, so dick, wie es nur geht. Doch so dick und rund kann er sich gar nicht fressen, dass er den ganzen Winter über von dem Speck zehren und ohne weitere Nahrung herumspazieren könnte. Schließlich reicht die braune Fettschicht gerade knapp aus, wenn er nur schläft und sich so wenig wie möglich bewegt. Im November, wenn es kalt wird, beginnt er, sich ein oder zwei Winternester einzurichten: unter einem Komposthaufen, hinter aufgestapelten Holzbrettern oder in einem alten Kaninchen-

Im Herbst sucht der Igel eine geschützte Stelle zum Überwintern.

bau. Die halbmetergroße Höhle polstert er mit alten Blättern aus, die er im Maul herbeiträgt. Dann wälzt und dreht er sich so lange darin, bis die Blätter sich flach aneinanderpressen. Wieder holt er neue Blätter und drückt so eine zehn Zentimeter dicke, regendichte Laubschicht zusammen. Nun können ihm Regen, Schnee und Stürme nichts mehr anhaben: Der Igel fällt in seinen Winterschlaf. Sein Herz schlägt nur noch ganz langsam und er atmet nur noch selten, manchmal halbe Stunden lang gar nicht. Der ganze kleine Kerl ist statt 37 Grad nur noch vier Grad kalt und stocksteif. Er scheint fast tot zu sein. Doch bevor er noch kälter werden sollte, wacht er wieder auf und läuft aus seiner Höhle heraus, um wieder warm zu werden und nicht zu erfrieren. Vielleicht baut er sich auch gleich noch ein neues, wärmeres Winternest, kuschelt sich dort hinein und ist gleich wieder eingeschlafen.

Den ganzen Winter lebt er von dem im Herbst angefressenen Speck. Das muss aber eine genügend große Menge sein, damit sie für etwa vier Monate ausreicht. 800 bis 900 Gramm muss ein Igel mindestens wiegen, wenn er ins Winterquartier geht. Wiegt er weniger, so sollten wir ihn mit nach Hause nehmen und mit verdünnter Milch, Eiern und rohem Fleisch füttern, bis er dick genug ist. Ist es schon zu spät im Jahr, kann er auch in einer Kiste im Keller oder in der Garage überwintern.

Aber im Frühling, wenn die weißen Buschwindröschen und die gelben Waldprimeln wieder blühen und im Walde das alte Laub so verheißungsvoll nach neuem Leben riecht, da wacht eines Abends der Igel wieder auf, das warme Igelherz fängt wieder kräftig an zu schlagen und das Blut erwärmt sich wieder. Da macht sich der Frischerwachte in der Dämmerung auf und schnüffelt und stöbert, ob alles noch seine Ordnung hat.

Fast nichts und fast niemanden fürchtet der Igel. Mehr als 8000 Stacheln hat er auf seinem Rücken versammelt. Nach allen Seiten kann er die zwei bis drei Zentimeter langen Spitzen bewegen, auch nach vorne. Ursprünglich waren es einmal Pelzhaare, die vor langer Zeit hart, fest und spitz geworden sind.

Die Stacheln sind des Igels einzige Waffe. Doch richten sie sich nur gegen jemanden, der ihn angreift. Der Angreifer verwundet sich selbst. Lässt er den Igel in Ruhe, wird dieser ihm auch nichts tun. Ein unerfahrener Hund wird vielleicht versuchen, den Igel mit der Pfote oder der Schnauze aufzustöbern. Doch wer sich einmal empfindlich gestochen hat, wird beim nächsten Mal vorsichtiger sein. Früher erzählte man sich, dass Füchse den zusammengerollten Igel in das Wasser wälzten, wo er sich augenblicklich öffnen müsse, und schon sei es um ihn geschehen. Denn der Igel kann zwar schwimmen, muss sich dazu aber aufrollen. Außerdem erzählte man, dass der Fuchs den Igel einfach umdrehe, sodass Bauch und Beine nach oben kämen und er dann seinen Harn über ihn entleere, sodass der Igel mit seiner äußerst empfindlichen Nase sich aufrolle. Beides ist aber bloß erfundenes Jägerlatein!

Selbst die giftigen Kreuzottern fürchtet der Igel nicht. Zwar begegnet er ihnen nur selten, denn sie schlafen nachts, wenn der Igel unterwegs ist. Doch trifft er auf eine, so richtet er seine Nackenstacheln steil nach vorne. Die Schlange schlägt ihm sofort ihre Giftzähne ins Gesicht und beißt zu, trifft aber nur in die spitzen Stacheln und zersticht sich selbst. Die Zähne der Kreuzotter sind kürzer als die Igelstacheln und erreichen seine Haut nicht. Immer wieder beißt sie zu und verspritzt jedes Mal Gift durch ihre langen, hohlen Giftzähne. Der Igel verträgt zwar mehr Gift als andere Tiere, aber an einem Biss der Kreuzotter müsste er doch sterben. Nase, Beine und Schwanz darf die Otter nicht erwischen. Wenn die Schlange von den vielen erfolglosen Angriffen ermüdet und unaufmerksam geworden ist, zerbeißt der Igel ihr mit einem Satz das Genick. Dann verspeist er sie samt ihrem Gift – wie eine Trophäe und einen Leckerbissen!

Großen Respekt hat der Igel vor dem Uhu und dem Dachs. Die Krallen des Uhus sind scharf wie geschliffene Dolche und länger als die Igelstacheln. So kann er den Igel aus der Luft packen, ohne sich selbst zu stechen, und mit ihm davonrauschen. Auch der Dachs hat lange und scharfe Krallen, mit denen er unter den Rand des Stachelkleides greifen kann. Mit ungeheurer Kraft zerreißt er den Igel. Wohl dem Igel, der den Dachs nicht trifft!

Wirklich gefährlich sind für den Igel aber die Autos. Gegen diesen Feind helfen alle seine Stacheln nichts. Jedes Jahr werden viele Igel totgefahren, so viele, dass sie schon selten geworden sind. Das ist nun wirklich sehr schade!

Wer Igel in der Nachbarschaft hat und ihnen etwas Gutes tun will, kann abends eine flache Schale mit Brot und verdünnter Milch oder

Katzenfutter hinausstellen – aber am besten unter eine flache Abdeckung, damit nicht die Krähen oder die Nachbarkatze alles auffressen.

Dem Igel hilft es, wenn der Garten nicht allzu ordentlich gepflegt ist: Ein Laubhaufen und ein Büschel Äste sehen zwar unordentlich aus, sind aber willkommene Verstecke, wo der Igel den Tag verschlafen kann. Der Gartenteich sollte ein Brett haben, über das der Igel wieder hinausklettern kann. Und die Schnecken und Käfer im Garten sollten wir nicht vergiften, sonst vergiften wir auch den Igel, der sie frisst.

Manche Igel kommen dann regelmäßig in den Garten und auf die Terrasse. Und wer nachts im Bett liegt und es draußen rascheln und schnaufen hört, weiß dann, dass es keine Einbrecher sind, sondern der Igel.

> Ganz unverhofft, an einem Hügel
> Sind sich begegnet Fuchs und Igel.
> Halt, rief der Fuchs, du Bösewicht!
> Kennst du des Königs Ordre nicht?
> Ist nicht der Friede längst verkündigt,
> Und weißt du nicht, dass jeder sündigt,
> Der immer noch gerüstet geht? –
> Im Namen Seiner Majestät,
> Geh her und übergib dein Fell.
> Der Igel sprach: Nur nicht so schnell.
> Lass dir erst deine Zähne brechen,
> Dann wollen wir uns weitersprechen.
> Und alsogleich macht er sich rund,
> Schließt seinen dichten Stachelbund
> Und trotzt getrost der ganzen Welt,
> Bewaffnet, doch als Friedensheld.

Wilhelm Busch

Ameisen

Es gibt bei uns viele verschiedene Ameisenarten: kleine gelbe, die unter den Steinplatten im Garten leben, kleine schwarze, die an Sträuchern und Blumen auf- und ablaufen, aber auch die großen schwarz-braunen Waldameisen. Die hat sicher jeder schon gesehen. Bleibt man im Wald vor einem großen Waldameisenhaufen stehen – er kann über mannshoch werden – und schaut ihn sich genauer an, so erblickt man zunächst nur ein großes Gewimmel: Aus allen Öffnungen krabbeln Ameisen heraus, andere verschwinden darin; hektisch laufen sie herum und treten mit ihren sechs Beinen auch immer wieder auf- und übereinander, ohne dass es sie zu stören scheint. Manche tragen eine große Tannennadel hoch über sich erhoben wie ein gigantisches Schwert, andere zerren zu dritt oder viert eine grüne Raupe den steilen Hügel hinan, als schöben sie einen Ochsen den Berg hinauf. Hinzukommende packen mit an und schieben ebenfalls – so geht es besser. Alle scheinen es sehr eilig zu haben und alle scheinen mit einer dringenden Arbeit beschäftigt zu sein; nur ganz selten steht einmal eine Ameise herum, ohne etwas zu tun. Allzu lange kann man vor dem großen Haufen nicht stehen bleiben, sonst kribbelt und krabbelt es erst an den Füßen, dann die Hosenbeine hinauf, bis es schließlich überall sticht und brennt: höchste Zeit, die beißenden Ameisen zu entfernen und den Ameisenhaufen schnell zu verlassen, um das nächste Mal besser ausgerüstet, vielleicht mit Gummistiefeln, wiederzukommen.

Erst dann hat man die Zeit, eine Ameise einmal genauer ins Auge zu fassen: Was macht sie eigentlich, dass sie es so eilig hat? Doch es ist nicht leicht, eine einzelne Ameise zu verfolgen, denn alle Ameisen sind gleich groß, haben die gleiche schwarze oder braune Farbe und kribbeln so schnell übereinander, dass man sie leicht verwechselt und verliert. Hier kommt eine, die ein Hölzchen, größer als sie selbst, trägt – die können wir gut verfolgen. Wie hält sie es eigentlich fest, wenn sie doch auf ihren sechs Beinen läuft und keine Arme frei hat? Zwei starke Kiefer rechts und links in ihrem Mund klemmen das Hölzchen fest – dafür braucht sie gewaltig starke Kiefermuskeln! Ohne zu zögern rennt die Ameise mit ihrer schweren Last den Hügel hinauf – einen Weg, den wir kaum als Weg erkennen können, auch wenn er gut freigeräumt ist, der ihr aber ganz selbstverständlich zu sein scheint. Wie sie ihn wohl erkennt?

Schließlich verschwindet sie mitsamt dem Hölzchen in einem der größeren Eingänge. Schade, dass wir ihr nicht folgen können! Selbst wenn wir klein genug wären, um in den Tunnel hineinzukriechen, so wäre es dort doch schon nach wenigen Schritten so dunkel, dass wir nichts mehr erkennen könnten. Doch obwohl auch die Ameise nichts mehr sieht, läuft sie mit unvermindertem Tempo voran. Dort, wo sich der Weg gabelt, trillert sie kurz mit ihren Fühlern – wie riecht es hier? – und schon geht es weiter. Rechts der Eingang riecht nach einer Kammer, in der die kleinen Ameisenlarven gefüttert und gesäubert werden – daran geht sie vorbei. Links riecht es nach den Ruhekammern, in denen sich die steifen Ameisenpuppen entwickeln und wo ihnen die Ameisenarbeiterinnen helfen, aus ihrem Kokon zu schlüpfen, wenn sie soweit sind. Auch hier eilt sie vorüber. Jede entgegenkommende Ameise betrillert sie kurz mit den Fühlern: Riecht sie nach dem eigenen Ameisenbau oder ist sie ein Eindringling? Diese hier aber riecht nach frischem, süßem Futtersaft – geschwind trillern ihre Fühler auf deren Mund, worauf diese ein paar Tropfen Futtersaft aus ihrem Kropf hervorwürgt. Schnell schlürft unsere Ameise den süßen Saft auf, denn seit sie das schwere Hölzchen fand und aufgriff, hat sie nichts mehr gefressen. Anschließend putzt sie sich gründlich

Wie ein Schwert trägt die Rote Waldameise die Tannennadel.

Mund, Kiefern und Fühler mit den Putzborsten an ihren Vorderbeinen und eilt weiter.

Inzwischen ist sie immer tiefer hinab in den Ameisenhaufen gelangt und gerät nun unter die Erdoberfläche. So hoch wie der Ameisenhaufen aus der Erde herausragt, so tief reicht er auch hinunter. Hier ist es etwas kühler als in den oberen Stockwerken, aber zum Glück ist es überall genauso feucht, denn viele Ameisen haben jede ein Tröpfchen Wasser zwischen ihren Kiefern hereingetragen. Das verdunstet nun und hält die Luft auch für die dünnhäutigen, empfindlichen Larven, die sonst vertrocknen würden, genügend feucht. Aber es ist hier zu kühl für sie. Schon kommen ihr Ameisenarbeiterinnen entgegen, die die bleichen Larven vorsichtig in die oberen Kammern des Baues tragen, dorthin wo ihn die Sonne gerade erwärmt.

Viele Wege zweigen rechts und links ab, aber mit ihren empfindsamen Füßen ertastet unsere Ameise den richtigen Weg und findet mit ihren Fühlern den richtigen Geruch heraus. Schließlich riecht es nach der Kammer der Königin. Hier wird das Hölzchen gebraucht, das sie jetzt zusammen mit anderen Arbeiterinnen an einer der Wände einbaut. Die Kammer muss vergrößert werden, denn die Königin legt jetzt jeden Tag 300 Eier, ohne Pause. Die Arbeiterinnen bringen die Eier sofort in die Eikammer, wo sie sie säuberlich ablecken und immer sauber halten. Mit ihrem großen, wie aufgeblasen aussehenden Hinterleib kann die Königin sich nur langsam bewegen. Ihre Kammer verlässt sie gar nicht mehr. Arbeiterinnen bringen ihr das Essen – besonders gutes und reichhaltiges. Dann säubern sie sie und entfernen den Kot aus ihrer Kammer. Auch nehmen sie den Duft der Königin in ihren kurzen Haaren auf und tragen ihn im Laufe des Arbeitstages in alle Winkel und Ecken des Ameisenbaues. Jede Ameise kennt diesen Königinnenduft. Würde die Königin verschwinden oder sterben, würde auch ihr Duft nach wenigen Tagen aus dem Bau «verduften». Die Ameisen wären dann völlig hilflos, sie wüssten nicht mehr, was sie als Nächstes tun sollten, und würden bald sterben. Natürlich hat ihnen auch vorher die Königin nicht gesagt, was sie tun sollten. Sie bemerkten selbst, was gerade nötig war, und bemerkten auch, was andere gerade besonders dringend fanden, und taten sofort gemeinsam die nötige Arbeit. Doch wenn die Königin fehlt, kann das Ameisenvolk nicht weiterleben, so wie auch eine einzelne, von ihrem Bau getrennte Ameise nicht mehr leben kann, selbst wenn sie genügend Futter, Wärme und Schutz hat. Es ist fast so, als wären es nicht viele Tiere, die im Ameisenbau zusammenleben, sondern als wäre die Königin das Herz eines größeren Tieres, der Ameisenkolonie; die Arbeiterinnen wären Magen, Darm und Hände des großen Ameisenkolonietieres. Und nur alle zusammen sind sie ein Tier, das leben kann.

Alarm! Es riecht nach Alarm! Der Boden zittert und vibriert: Alarm!!! Plötzlich wird es hell im dunklen Ameisenbau. Das darf nicht sein! Von allen Seiten rennen Ameisen heran. Sie krümmen ihre Hinterleiber an der schmalsten Stelle nach vorne und spritzen ätzende Ameisensäure nach vorne. Der Geruch der Ameisensäure alarmiert weitere Ameisen und ruft sie herbei. Der Grünspecht sitzt auf dem Bau und hackt ihn mit seinem Schnabel auf, dass Tannennadeln und Steinchen zur Seite spritzen. Seine klebrige, mit Widerhaken besetzte Zunge schnellt vor und zurück und fischt Ameise nach Ameise hinaus. Besonders auf die fetten Larven hat er es abgesehen. Todesmutig stürzen die Arbeiterinnen sich auf seine Füße, beißen ihn mit ihren starken Kiefern und spritzen ätzende und giftige Säuren. Doch den mit starken Hornplatten versehenen Füßen des Spechtes macht dies nichts aus. Erst als die Ameisen zwischen den Federn die bloße Haut erreicht haben und hineinbeißen, wird es ihm zu viel: ein paar kräftige Flügelschläge tragen ihn davon. Diejenigen Ameisen, die wir vorher gesehen haben und die scheinbar faul herumstanden, waren die schnellsten: Sie trugen die Larven und Puppen fort und in Sicherheit. Jetzt reparieren sie die zerstörten Kammern und Wege und legen mit ihren Duftdrüsen neue Duftspuren, damit sich jeder wieder zurechtfindet. Die Arbeit zu tun, ist für alle Ameisen das Wichtigste – egal was in der Kolonie gerade anfällt.

Die Ameisen bilden in ihren Hinterleibsdrüsen so viele verschiedene Düfte und Gifte, dass man sie auch schon als lebende Chemiefabrik bezeichnet hat: Düfte für die Ameisenstraßen, Düfte, um das eigene Volk von einem fremden zu unterscheiden, Duftspuren, die besonders leckere oder reichhaltige Nahrung anzeigen. Natürlich bildet jede Ameise nur ganz wenig: ein Millionstel oder Milliardstel Gramm. Wir Menschen riechen gar nichts davon – für die Ameisen sind die Düfte aber so deutlich, wie das Licht und die Farben der Welt für uns und unsere Augen sind.

Das wichtigste Gift, das die Ameisen bilden, ist die Ameisensäure. Mit ihr wehren sie sich gegen ihre Feinde. Legt man ein Taschentuch auf einen Ameisenhaufen, so sprühen die Ameisen das fremde Ding ein und man kann daran riechen: Es ist für uns ganz harmlos, für kleine Tiere aber stark ätzend. Ein altes Stück Brot bekommt einen würzigeren Geschmack, wenn wir es auf einen Ameisenhaufen legen. Der Ameisenhaufen selbst würde verschimmeln und verrotten, wenn die Ameisen die Ameisensäure nicht überall verteilen würden, besteht er doch wie ein Komposthaufen aus alten Pflanzenteilen und Erde. Auch sammeln sie von den umstehenden Bäumen Harz und tragen kleine Klümpchen in ihren Bau – manchmal ein ganzes Kilogramm. Auch damit halten die Ameisen ihren Bau pilzfrei und bewahren ihn vor dem Verrotten.

Die vielen Ameisen, die in einem Wald leben, haben allergrößte Bedeutung für ihn, denn eine Ameisenkolonie vertilgt in ihrem Jagdgebiet an einem Tag bis zu 100 000 schädliche Raupen und Käfer. Dadurch wächst der Wald viel besser. Vielleicht wächst er auch durch den Ameisenduft schon besser – so wie uns das Brot mit Ameisensäure besser schmeckt?

Außer Raupen, Käfern, Spinnen und Kadavern, die sie ganz sorgfältig bis auf die Knochen abnagen, fressen die Ameisen besonders gerne Süßes: Für Zucker und Schokolade dringen sie sogar in menschliche Wohnungen ein, wo man sie manchmal in Regalen und Ritzen findet.

Meist aber lecken sie den süßen Saft auf, den die Blattläuse auf den Blättern ausscheiden und der manchmal diese Blätter ganz glänzend und klebrig überzieht. Von den Lindenblättern tropft er sogar manchmal herunter. Manche Ameise liebt diesen Zuckersaft so sehr, dass sie den Blattläusen hinterherläuft, diese mit ihren Fühlern betrommelt und betrillert, bis sie vor Schreck ein Tröpfchen süßen Saftes ausscheidet, den die Ameise schnell aufleckt.

Wenn die Sonne auf ihren Hügel scheint, nehmen die Ameisen dort ein Sonnenbad.

Manchmal bauen die Ameisen sogar eine Schutzwand aus Erde um die Pflanzenstängel. Hinter dieser Schutzwand sind die Blattläuse vor Kälte geschützt, aber vor allem vor den blattlausfressenden Käfern und Ohrenkneifern. Die Schutzwand ist also etwas wie ein Zaun um die Weide von Milchkühen. Andere tragen die Blattläuse an neue, saftigere Stellen, wie Nomaden, die ihre Ziegen und Schafe auf bessere Weidegründe führen. Im Winter tragen sie diese sogar in ihren Bau, wo es wärmer ist, um sie im Frühjahr, wenn die Sonne scheint, gleich wieder hinauszutragen.

An den Samen von manchen Blumen wie Veilchen, Schneeglöckchen oder Lerchensporn hängen süße Kügelchen. Die Ameisen tragen die Samen in ihren Bau, fressen dort die süßen Anhängsel und transportieren das Übriggebliebene, das sie nicht fressen können, wieder hinaus auf ihre Abfallhaufen. Dort keimen die unbeschädigten Samen zu neuen Veilchen oder Schneeglöckchen. Die Ameisen haben also ungewollt Blumen an neuen Stellen des Gartens ausgesät – und der Gärtner wundert sich.

Alles, was sich dem Ameisenhaufen nähert, wird sofort angegriffen, sei es eine Spinne, eine Maus oder ein menschlicher Fuß, der versehentlich in einer Ameisenstraße steht. Nur ganz wenige Insekten werden im Ameisenbau nicht nur geduldet, sondern sogar gefüttert und bei Gefahr in Sicherheit gebracht. Einige kleine Käfer gehören dazu, aber auch die Raupen einzelner Schmetterlinge, nämlich einiger Bläulinge.

Die Bläulinge legen ihre Eier auf die Blätter und Blüten von Thymian, dem würzigen Gartenkraut. Sie wählen aber dazu nur solche Pflanzen aus, die in der Nähe von Nestern der kleinen Wiesenameisen stehen. Schlüpft aus dem Ei nun eine kleine Raupe, so frisst sie zunächst die Blätter der Thymianpflanze. Erst wenn sie so groß geworden ist, dass sie sich dreimal gehäutet hat, lässt sie sich von dem Thymian fallen und läuft auf ein Ameisennest zu. Die Ameisen, die sie entdecken, fressen sie nicht auf, wie sie es bei jeder anderen Raupe täten, sondern tragen sie, weil sie genauso wie eine Ameisenraupe aus dem eigenen Volk riecht, in ihren Bau. Dort füttern sie sie, lecken aber auch von den süßen Säften, die sie an ihrem ganzen Körper ausscheidet und die sie ganz besonders gerne mögen.

Die Raupe lebt also gut geschützt und gut versorgt durch die Ameisen den ganzen Winter hindurch, bis sie sich im Frühling verpuppt. Das tut sie in weiser Voraussicht ganz nahe an einem der Nestausgänge. Auch die Puppe sondert weiterhin süße Säfte ab und wird von den Ameisen abgeleckt und sauber gehalten. Wenn dann im Juni die Puppenhülle aufreißt und der Bläuling mit noch zusammengerollten Flügeln aus ihr schlüpft, so muss er rennen, um durch einen der Ausgänge ins Freie zu gelangen. Denn damit haben die Ameisen nicht gerechnet: Einen Schmetterling in ihrem Nest würden sie sofort auffressen. Erst draußen hat der Bläuling die Ruhe, seine Flügel auszuspannen, zu trocknen und dann davonzufliegen.

In unseren Wäldern gibt es oft sehr viele Ameisen, so viele, dass man beim Spazieren nicht stehen bleiben kann, ohne dass man gleich gebissen würde. In den Tropen gibt es aber noch viel mehr. Weltweit zählt man für jeden Menschen acht Millionen Ameisen. Die wiegen zusammen so viel wie alle Menschen zusammen. In Südamerika wiegen alle Ameisen zusammen viermal so viel wie alle Frösche, Echsen, Vögel und Säugetiere zusammen. Eine unvorstellbare Menge an Ameisen! Dort gibt es auch besonders seltsame Ameisenarten:

Die *Treiberameisen* bauen keinen Ameisenhügel. Es gibt dort, wo sie leben, im tropischen Regenwald, keinen Winter, während dessen sie sich unter die Erde zurückziehen müssten, um auf den Frühling zu warten, sondern es ist das ganze Jahr über warm. Nachts versammeln sich alle Ameisen einer Kolonie und errichten unter einem umgefallenen Baumstamm ein «Biwak», ein Lager aus ihren eigenen Körpern. Dazu hängen sich die Arbeiterinnen mit ihren kräftigen, hakenförmigen Klauen an den Fußspitzen aneinander. So entstehen Ketten und Netze aus Ameisen, die sich übereinander legen, bis eine metergroße, eiförmige Ameisenkugel entsteht, in deren Mitte die Königin und die Brut gut geschützt sind.

Frühmorgens lösen sich die Ketten auf und verwandeln sich auf dem Boden in eine wimmelnde Ameisenmasse. Diese «fließt» nun wie eine zähe Flüssigkeit vorwärts: Die hin- und herlaufenden Ameisen bilden eine dichte Kolonne, die 15 Meter breit und einen bis zwei Meter lang ist. Diese Kolonne von Zehntausenden Ameisen wandert zügig vorwärts und frisst alles auf, was im Weg liegt und nicht wegläuft oder -fliegt: Spinnen, Skorpione, Heuschrecken, Frösche, aber auch andere Ameisen werden gepackt, zerlegt und von den Futterkolonnen in das Lager gebracht. Rechts und links der Kolonne stehen riesige Ameisen mit gefährlich großen Kiefern, die sogenannten Soldaten, die alle anderen verteidigen.

Treiberameisen werden von den Bauern gefürchtet wie die schlimmsten Krankheiten, denn wenn eine Treiberameisenkolonne unbemerkt in einen Hof eindringt, fressen sie auch angekettete Haustiere, Hunde und Kühe bis auf das Skelett auf. Erst mittags kehren sie in ihr Biwak zurück. Doch am nächsten Morgen brechen sie wieder auf ...

Noch merkwürdiger als die Treiberameisen sind die *Blattschneiderameisen*. Auch sie ziehen in riesigen Kolonnen aus – schmal, aber oft mehrere Hundert Meter lang –, um Futter zu holen. Alle streben auf einen Baum zu, klettern hinauf und schneiden mit ihren kräftigen Kiefern fingernagelgroße Stücke aus den Blättern und Blüten. Die halten sie nun mit ihren Kiefern wie kleine Sonnensegel über sich und machen sich auf den Heimweg: eine lange, schmale Ameisenstraße voll grüner oder farbiger Sonnensegel durch den tropischen Regenwald. Sie verschwinden in einem flachen, aber mehrere Meter breiten Erdhügel in einem der zahlreichen Eingänge. Niemand hat geahnt, was dort im Inneren geschieht, bis ein Ameisenforscher zum ersten Mal einen solchen Bau aufgegraben hat: Über tausend Kammern von Faust- bis Fußballgröße stecken unter der Erde. Ein Drittel ist mit einer grauen, durchlöcherten Masse gefüllt, die aussieht wie ein Badeschwamm, aber weich und zart ist und in den Händen leicht auseinanderbricht. Was sind das für merkwürdige Gebilde? Nun, die Ameisen fressen die nach Hause gebrachten Blätter gar nicht, da sie sie nicht verdauen können. Stattdessen zerlegen kleinere Arbeiterinnen diese in winzige Stückchen: nur einen Millimeter groß. Noch kleinere Ameisen zerkauen diese Stückchen und formen kleine, feuchte Kügelchen daraus, die sie mit vielen anderen Kügelchen zusammenkleben. Auf diese feuchte, lockere Blattmasse bringen sie die Sporen eines ganz bestimmten Pilzes. Der wächst nun darauf wie ein Brotschimmel. Andere Schimmelpilze werden sorgfältig entfernt und die Kammern

Blattschneiderameisen tragen zerschnittene Blattstückchen in ihren Bau.

peinlich sauber gehalten. An den Spitzen des Pilzes schwellen kleine Kügelchen an mit einem süßen Zuckersaft darinnen: Das ist die einzige Nahrung der Blattschneiderameisen. Sie sind also eigentlich Gärtnerinnen, die den Pilz sorgfältig hegen und pflegen, bis er reif und essbar ist. Ständig schleppen die Arbeiterinnen neue Blätter herein. Später befördern sie die vom Pilz zersetzte Blattmasse wieder hinaus und bringen sie in unterirdische Abfallkammern.

Um diesen riesigen Bau überall gut mit Luft zu versorgen, bauen die Blattschneiderameisen Lüftungsschächte ringförmig um den unterirdischen Bau und von dort aus schräg nach oben an die Oberfläche. Diese sind so angelegt, dass das Wasser der heftigen Regengüsse nicht in die Kammern hineinläuft und keine Überschwemmung anrichtet. Bei einem Nest hat man einmal die lockere Erde, die die Ameisen beim Bau ihres Nestes und der tausend Kammern aus der Tiefe heraufbefördert hatten, mit einer Schaufel auf einen Haufen getürmt und gewogen. Es waren 40.000 Kilogramm, so viel wie auf zwei große Sattelschlepper passt! Hätten die Ameisen Menschengröße, hätten sie damit einen Bau errichtet, der dem größten menschlichen Bauwerk gleichkommt: der chinesischen Mauer. Die Tiefe, aus der sie die Erde hervorgeschleppt haben, entspräche einer Tiefe von tausend Metern.

Manchmal kribbelt und wimmelt es auf dem Erdhügel ganz besonders hektisch und unübersichtlich: Ameisen mit Flügeln laufen überall herum. Zuvor hat man sie noch nicht gesehen, denn sie sind gerade erst geschlüpft. Es sind junge Königinnen und Drohnen, also Männchen. Schließlich fliegen sie los: Sie starten zu ihrem Hochzeitsflug und finden sich zu einer großen Wolke zusammen – wie ein Miniatur-Wirbelsturm. Obwohl andere Blattschneiderameisen-Völker sonst ihre Feinde sind, die sie manchmal sogar überfallen, vermischen sich an diesem Tag die Schwärme verschiedener Völker. Die Drohnen sterben wenige Tage später; jede gelandete Königin jedoch kneift sich ihre Flügel ab, denn sie wird sie nie wieder brauchen. Ganz alleine beginnt sie mit ihren Füßen einen Bau in die Erde zu graben. Sie baut Kammern, in die sie Blätter trägt. Darin züchtet sie Pilze und bald darauf legt sie ihre ersten Eier, aus denen später die ersten Arbeiterinnen schlüpfen. Woher aber bekommt die Königin die ersten Pilzsporen für die Pilzgärten? Die hat sie, bevor sie zu ihrem Hochzeitsflug aufgebrochen ist, in eine kleine Tasche in ihrem Mund gesteckt und mit auf den Flug genommen. Wenn die erste Kammer fertig ist, spuckt sie sie auf die zerkaute Blattmasse. Wie gut, dass sie das in der Aufregung ihres ersten und einzigen Fluges nicht vergessen hat! Sonst müsste sie verhungern!

Einen Hochzeitsflug machen übrigens auch die jungen Königinnen und die Drohnen aller unsere einheimischen Ameisen. Nur müssen sie keine Pilzsporen mitnehmen.

Eine weitere sehr merkwürdige Ameisenart sind die *Honigtopfameisen*, die im warmen Südwesten Nordamerikas leben – einer Landschaft, in der es während der Trockenheit zu wenig Futter für die Ameisen gibt. Diese Ameisen fressen Insekten, eine Nahrung, die man nicht gut über die Trockenzeit hinweg aufbewahren kann. Stattdessen mästen sie einige Arbeiterinnen mit süßem Futtersaft, sodass deren Kropf immer größer und größer wird und der ganze Hinterleib wie ein Ballon anschwillt. Schließlich können sich diese kaum noch bewegen und hängen sich mit ihren Füßen an die Decke ihres Nestes. Nun sind sie lebende Honigtöpfe: Sobald hungrige Ameisen kommen und die Honigtöpfe mit ihren Fühlern «betrillern», werden sie mit dem süßen Honigsaft gefüttert.

Besonders gerne fressen die Honigtopfameisen Termiten. Sobald eine Arbeiterin einen Termitenbau entdeckt hat, läuft sie schnell zurück zu ihrem Nest und legt dabei eine Duftspur. Wenn sie unterwegs einer Nestgenossin begegnet, rempelt sie diese an. Die folgt dann ebenfalls der Duftspur. So kommen immer mehr Arbeiterinnen zusammen. Falls ihr Weg zu den Termiten an einer anderen Honigtopfameisen-Kolonie vorbeiführt, greifen sie diese zum Schein an und verwickeln sie in ein längeres Gefecht – während die anderen ungestört Termiten fangen und nach Hause tragen ...

An den Grenzen ihrer Kolonie zur nächsten führen Honigtopfameisen oft Schaukämpfe auf, indem sie mit durchgedrückten Beinen auf und ab stolzieren, sich aufblasen oder auf ein Steinchen steigen, um größer zu erscheinen, und ihre gefährlichen Kiefer zur Schau stellen. Meist genügt dies schon, um klarzustellen, wer der Stärkere ist. Manchmal aber kommt es zu richtigen Überfällen, bei denen das eine Volk die Königin des anderen tötet, die Soldaten zerschneidet und die Brut und die lebenden Arbeiterinnen raubt und als Sklaven mit nach Hause nimmt. Wie gut, dass sie so klein sind und uns Menschen, außer mit ein paar brennenden Stichen, nicht verletzen können. Ameisen in Menschengröße mit ätzender Säure und tödlich scharfen Kieferzangen wären ja eine furchtbare Vorstellung – geradezu eine Szene für einen Horrorfilm!

Noch erstaunlicher als alles Bisherige sind aber die *Weberameisen*, die in Afrika, Südostasien und Australien leben. Sie legen ihren Bau nicht in der Erde oder als Haufen an, sondern in den luftigen Wipfeln der Bäume. Dabei ziehen sie Blätter von allen Seiten her und nähen sie zusammen. Das ist leicht gesagt, aber wie soll eine kleine Ameise es schaffen, ein großes Blatt, das um ein Vielfaches schwerer ist als sie selbst, zu bewegen? Hören wir dazu die beiden großen Ameisenforscher Edward Wilson und Bernd Hölldobler:

«Bis zu mehreren hundert Ameisen stellen sich in Reih und Glied auf. Sie halten den einen Blattrand mit den Klauen ihrer Hinterbeine und den andern mit ihren Kiefern und Vorderbeinen fest und ziehen die beiden Blätter zusammen. Wenn der Abstand zwischen den beiden Blättern größer als eine Ameisenlänge ist, so ketten sie ihre Körper aneinander und bilden so lebende Brücken.

Als Erstes ergreift die Anführerin mit ihren Kiefern einen Blattrand und hält ihn fest. Dann klettert die nächste Ameise an ihrem Körper hoch, packt ihre Taille und hält sich daran fest. Danach klettert eine dritte Ameise herunter und ergreift die Taille der vorherigen und so reiht sich Ameise an Ameise, bis sich Ketten von zehn oder mehr Ameisen gebildet haben, die oft frei im Wind hin- und herschwingen. Wenn eine Ameise am Ende der Kette schließlich den Rand eines entfernten Blattes erreicht, hält sie es mit ihren Beinen fest und schließt damit die Kette der lebenden Brücke. Daraufhin beginnt die ganze aneinandergekettete Truppe sich rückwärts zu bewegen um die beiden Blätter zusammenzubringen.

Manchmal lässt sich der Spalt mit einer einzigen solchen Kette schließen, aber meistens sind mehrere solcher großer Kolonnen notwendig, die dann nebeneinander arbeiten. Bald entsteht ein lebender

Ameisenteppich und es ist ein aufsehenerregendes Schauspiel, wenn er durch Tausende bewegter Beine und Antennen förmlich vibriert.»

Jetzt holen einige Ameisen Larven herbei. Diese Larven sind kurz vor ihrer Verpuppung und würden sich jetzt in einen Kokon von Seidenfäden einspinnen. Die Ameisen «halten sie vorsichtig mit ihren Kieferzangen und bewegen ihre jungen Schützlinge zwischen den Blatträndern hin und her. Die Larven reagieren darauf, indem sie klebrige Seidenfäden aus einer Öffnung absondern. Tausende solcher Fäden werden nebeneinander angebracht und bilden insgesamt ein Seidentuch zwischen den Blatträndern, das mit der Zeit zu einem festen Stoff erhärtet und so die Blätter zusammenhält.»

Die eigenen Larven sind also die Weberschiffchen der Weberameisen. So entsteht hoch in den Baumwipfeln ein Nest von der Größe einer Faust bis zu der Größe eines Männerkopfes, in welchem die Weberameisen sicher und geschützt leben können.

Die Forscher, die es beobachteten, staunten natürlich sehr, denn es gibt in der ganzen Tierwelt gar nichts, was dem verglichen werden könnte!

Andere Ameisen legen Gärten an, die sie in Büsche oder Bäume hängen – wirklich hängende Gärten. Dazu tragen sie altes Laub, zerkaute Pflanzenstängel und Erde hinauf und machen daraus Kugeln von Tischtennis- bis Fußballgröße. Dahinein tragen sie ausgesuchte Samen, aus denen dann Pflanzen keimen, die in diesen hängenden Gärten wachsen. Diese Pflanzen bilden süßen Nektar an den Blättern, sodass die Ameisen diese Köstlichkeiten auflecken können.

Die Ameisenforscher haben viele Jahre lang beobachtet und geforscht, um die zahlreichen Geheimnisse der Ameisen zu entdecken, und haben doch sicher noch nicht alle entdeckt. Wie viel Klugheit und Weisheit steckt doch in diesen Tieren – auch wenn das Gehirn einer einzelnen Ameise nicht einmal so groß wie ein Stecknadelkopf ist!

Der Biber

1 Wohl jeder hat schon einmal vom Biber gehört, kennt Zeichnungen oder Fotos und weiß, dass der Biber Bäume fällt. Gesehen haben ihn aber nur die wenigsten. Warum? Nun, man muss ihn suchen; er lebt nur noch an wenigen Flüssen, Bächen, Seen oder Teichen – zum Beispiel an der Elbe, der Donau und der Rhône. Dort findet man seine berühmten, unverkennbaren Spuren: kegelförmige Baumstümpfe oder Stämme, die so weit angenagt sind, dass ihre Form einer Sanduhr gleicht. Sind das Holz und die herumliegenden Späne hell, so haben die Biber vielleicht noch in der letzten Nacht daran genagt; sind sie grau, dann haben sie sich schon länger nicht mehr darum gekümmert. Trotz der Spuren wird man jetzt keinen Biber entdecken, denn am Tage schlafen sie in ihrer Burg. Erst in der Dämmerung kommen sie heraus und sind die ganze Nacht über munter und tätig.

2 Wer sich in einer hellen Mondnacht leise an einen Biberteich heranschleicht, könnte Glück haben und beobachten, wie die Biber alleine oder zu zweit einen Baum fällen: Halb aufgerichtet, die Hände an den Stamm gestützt, nagen sie einen Span nach dem anderen ab. An Land sind sie groß und gut sichtbar: Über einen Meter wird ihr dicht bepelzter Körper lang – ohne den Schwanz, die «Kelle», die noch einmal ein Drittel ausmacht. Doch an Land sind sie plump und unbeholfen, weswegen sie nicht gerne aus dem Wasser herauskommen. Sie prüfen erst lange, ob die Luft rein ist oder ob fremde und unheimliche Gerüche heranwehen. Am Ufer mag man Biber auf den ersten Blick für eine gewaltige Riesenmaus halten – mitunter, wenn

Auf seine Kelle abgestützt nagt der Biber Span für Span ab, um den Baum zu fällen.

sie mit den Händen etwas halten, woran sie knabbern, sitzen sie ähnlich wie eine Maus auf den Hinterbeinen. Doch auf den zweiten Blick bemerkt man die rundlichere Form des Kopfes und des ganzen Körpers.

Im Wasser erinnert nichts mehr an eine Maus: Da schwimmt ihr lang gestreckter Körper wie ein Boot und ist doch kaum zu sehen. Nur die Nasenspitze und die kleinen, hoch am Kopf liegenden Augen ragen aus dem Wasser. Der ganze übrige Körper schwimmt unter Wasser; einzig die kleine Bugwelle – rechts und links, wie ein V – zeigt ihre Schwimmspur auf der spiegelglatten Oberfläche.

Eine ganze Familie von fünf oder sechs Bibern kann man manchmal in einem See beobachten. Tritt man jedoch unvorsichtig auf einen knackenden Ast, so schlägt sofort einer von ihnen mit der breiten, unbehaarten Kelle klatschend auf das Wasser: Alle verschwinden und man wird sie in dieser Nacht nicht mehr wiedersehen.

Selbst in kaltem Wasser fühlt der Biber sich wohl. Er friert nicht, denn die samtweichen Härchen seines dicken, dichten Pelzes sind fein miteinander verhakt und halten ein wärmendes Luftpolster unter dem Fell. So bleibt die Biberhaut trocken. Außerdem reibt er sich regelmäßig mit Fett ein, sodass das Wasser vom Pelz abperlt. Das Fett nimmt er aus einer großen Drüse am Schwanz und streicht es mit seinen geschickten Händen überallhin.

So kühlt der Biber auch in langen Nächten im eisigen Wasser nicht aus und bleibt wohlig warm. Im Sommer könnte es ihm an Land sogar zu heiß werden, denn er kann nicht schwitzen und seinen dicken Pelz kann er ja nicht ausziehen. Dann kühlt er sich, indem er die unbepelzte, schuppig wie ein Fisch aussehende Kelle in das kühlere Wasser hält.

Taucht der Biber unter, läuft ihm kein Wasser in Nase und Ohren, denn er kann beide verschließen – wie die Augen. Aber wie findet er

Der Biber zieht Pappelzweige ins Wasser und nagt sie dort ab.

sich unter Wasser zurecht? Selbst mit geöffneten Augen sieht er in dem nächtlich dunklen Wasser nicht weit. Dennoch stößt er an keinen Stein, hakt sich an keinem Ast fest und findet immer schleunigst den Eingang zu seiner Burg. Wie gelingt ihm das? Das ist etwas sehr Eigentümliches: Der Biber spürt die Strömung des Wassers. Er spürt, wie das Wasser vor einem Stein anders strömt als vor einem Ast; ob es schnell, langsam oder wirbelig fließt. So macht er sich ein Bild der Strömung von allen Stellen in seinem Teich, den er sehr gut kennt. Diese Strömung fühlt er mit seinen Schnurrbarthaaren, die von der Nase in alle Richtungen ragen. Sie sind so empfindlich, dass sie die kleinste Bewegung im Wasser bemerken. Wir Menschen wären in dem dunklen Wasser völlig hilflos. Der Biber aber schwimmt und taucht mit der größten Selbstverständlichkeit; er kennt das Wasser, als wäre es ein Teil von ihm selbst.

Was frisst der Biber? Keine Fische – wie manche Fischer früher behaupteten, die ihn deshalb erbarmungslos verfolgten –, nicht einmal den kleinsten Fisch. Dazu wäre er auch, obwohl er so geschickt ist, viel zu langsam und zu plump. Der Biber ist kein Räuber; er frisst friedlich Pflanzen: Wasserpflanzen, Seerosen, Rohrkolben, Uferpflanzen, Schilf und Gras. Was macht er aber im Winter, wenn alle grünen Blätter abgefallen sind? Hält er Winterschlaf? Nein, er ist den ganzen Winter über wach und munter. Auf dem Seegrund findet er manchmal noch Seerosenknollen oder Wurzeln von Schilf, aber nur noch wenig. Baumrinde und Knospen sind nicht seine Lieblingsspeise. Aber es gibt viele im Winter, und der Biber begnügt sich mit ihnen. Doch an Knospen und Rinde heranzukommen ist für ein kleines Tier, das nicht klettern kann, gar nicht einfach. Wenn er nicht an die Knospen kommt, so muss er dafür sorgen, dass die Knospen zu ihm kommen. Und dazu fällt er den ganzen Baum. Mit seinen scharfen orangefarbenen Schneidezähnen nagt er Span für Span von der Rinde und dem Holz ab, bis der Stamm so dünn geworden ist, dass der Baum sich nicht mehr halten kann und umstürzt. Der Biber bringt sich rechtzeitig in Sicherheit, um nicht selbst erschlagen zu werden. Von den Bäumen beißt er Äste und Zweige ab. Um sie durch den Wald zu seiner Burg zu bringen, sind die Äste viel zu sperrig und schwer. Er würde überall damit hängen bleiben. Stattdessen klemmt er sie zwischen die Zähne und schwimmt mit einem großen Büschel auf den See hinaus, denn er hat den Baum so gewählt, dass er direkt am Seeufer steht. Der Biber taucht mit dem ganzen Büschel unter und verankert die Äste und Zweige einzeln im Schlamm des Seegrundes, dort, wo der See tief genug ist, dass sie tief unter Wasser bleiben und nicht herausragen. So kann er auch im Winter, wenn der See mit einer dicken Eisschicht zugefroren ist, von seiner Burg aus stets frische Knospen und Rinde erreichen. Klug gemacht!

Es scheint ein Wunder zu sein, dass die Nagezähne des Bibers sich an dem harten Holz nicht ganz schnell abschleifen. Das tun sie aber.

Doch anders als alle anderen Zähne wachsen sie von unten her ständig nach. Was sich oben abschleift, wird unten erneuert. Ja, der Biber *muss* seine Schneidezähne sogar abwetzen, denn sonst wüchsen sie trotzdem immer weiter, würden lang und länger, bis der Biber mit ihnen nichts mehr beißen könnte, ja nicht einmal seinen Mund mehr schließen könnte. Um die Zahnspitzen scharf zu halten, wetzt er die oberen und unteren Schneidezähne gegeneinander, wie zwei Messer, die man aneinander schärft.

Der Bau des Bibers ragt als große, solide Burg aus dem Wasser. Doch zu Beginn ist er noch völlig unscheinbar: Der Biber kratzt und gräbt mit Händen und Füßen einen Gang vom Wasser aus schräg nach oben in die Böschung am Ufer. Den Gang erweitert er, wenn er hoch genug gegraben hat, zu einem meterweiten Kessel, seiner späteren Wohnstube. Über dem Kessel scharrt er einen weiteren, senkrechten Gang bis ans Tageslicht. Der dient aber nur als Luftloch. Damit wäre sein Bau eigentlich schon bewohnbar – aber von einer Burg ist noch nichts zu sehen. Zur Sicherheit verstärkt der Biber den Unterwassereingang und das Luftloch mit solidem Holz. Dazu holt er dicke Knüppel und Äste von seinen gefällten Bäumen und gräbt diese rechts und links vom Eingang sowie über dem Luftloch fest ein. Die Äste scheinen kreuz und quer zu liegen, sind aber geschickt ineinandergefügt und lassen kaum Lücken zwischen sich. Über dem Luftloch entsteht nach und nach eine Kuppel aus Ästen, die immer größer wird, bis es eine richtige Burg geworden ist, die mehrere Meter hoch und breit sein kann und so stabil ist, dass man auf ihr stehen kann, ohne dass sie einbricht. Kein Hund und selbst kein Wolf gräbt sie auf! Es gibt auch keine Ritzen, durch die ein eisiger Wind in die Wohnstube pfeifen könnte. Im Winter sieht man manchmal ein Dampfwölkchen aus dem Luftloch aufsteigen, denn im Inneren ist es angenehm warm.

11 Der Eingang muss immer unter Wasser liegen, sonst könnte ein Wiesel oder ein Iltis die Jungen rauben. Trocknet der See im Sommer aus, droht höchste Gefahr. Der Biber beginnt, viele Bäume zu fällen und zu Knüppeln zurechtzunagen. Dann schwimmt er zum Abfluss des Sees und gräbt dort am Seeboden die größten und dicksten Knüppel ein. Die Äste klemmt und verankert er zwischen diese und stopft Wasserpflanzen und Schlamm in die Ritzen. Den Schlamm schmiert er mit seinen Pfoten in die Ritzen und streicht ihn mit der Kelle glatt, bis alles wasserdicht ist. Das geht viele Nächte lang, bis er mit diesem Knüppelbau rechts und links das Ufer erreicht hat. Damit hat er einen Damm errichtet, der den See aufstaut. Plätschert irgendwo ein Rinnsal zwischen den Zweigen hindurch, stopft und dichtet der Biber unermüdlich das Leck ab, bis es dicht verschlossen ist. Nur an den beiden Enden des Dammes läuft das Wasser über. Bei Hochwasser öffnet der Biber hier den Damm, denn sonst müsste er in seiner Burg ertrinken; bei Trockenheit schließt er ihn – und sein Burgeingang bleibt geschützt unter Wasser. Wie ein Ingenieur hält er den Seespiegel immer gleich hoch. Der Damm kann 100 Meter lang sein; der weltgrößte in Nordamerika erreicht sogar 700 Meter Länge und ist so fest, dass man über ihn hinwegreiten kann. Kein anderes Tier baut eine solche Anlage und hält sie instand! Ein Ingenieur muss viel lernen, bevor er einen Damm baut. Woher hat der Biber seine Klugheit und seine Kenntnisse?

12 Burg und Damm sind so dauerhaft und werden immerfort so sorgfältig kontrolliert und repariert, dass der Biber sie sein ganzes Leben lang nutzt. Manchmal übernehmen sogar die Biberkinder nach vielen Jahren die Burg.

13 Sollten Burg und Damm doch eines Tages aufgegeben werden, weil die Biber vertrieben wurden, so wird der nicht mehr gepflegte Damm das Wasser bald nicht mehr halten. Dann läuft der Stausee aus und

auf dem dann trockenen Seeboden wächst eine Wiese, die Rehe und Hirsche gerne aufsuchen.

In der durch Wasser und Knüppel doppelt geschützten Burg bringt das Biberweibchen zwei bis drei Junge zur Welt. In den ersten zwei Monaten säugt sie die Kleinen; danach beginnen diese die ersten Pflanzen zu fressen, zuerst ihr eigenes Lager aus weichem Gras und Schilf.

Nach vier bis sechs Wochen verlassen die Kleinen zum ersten Mal den Bau und müssen gleich perfekt schwimmen, denn sie müssen als Erstes an der Wasseroberfläche Luft holen, um nicht zu ertrinken. Beide Eltern passen sehr gut auf die noch unerfahrenen Kleinen auf. Gehen sie über Land und sind schon müde, so trägt die Mutter sie: entweder werden sie mit den Zähnen am Genick gepackt oder sie setzen sich auf Mutters Kelle und rutschen so über Land. Manchmal nimmt sie die Kleinen aber auch liebevoll in die Arme und läuft auf zwei Beinen wie ein Mensch. Dabei stützt sie sich mit der Kelle am Boden ab.

Der Halbindianer Wäscha-kwonnesin – Grau-Eule – war als junger Mann ein Jäger und Fallensteller und tötete auch Biber, um ihre samtweichen Felle zu verkaufen. Eines Tages sah er zum ersten Mal, wie die Biber ihre Jungen tragen, und bemerkte, wie menschenähnlich sie sind. Die Indianer nennen sie auch «kleine Brüder». Er war so erschüttert, dass er das Fallenstellen aufgab und begann, den Bibern zu helfen und sie zu schützen.

In Europa war der Biber wegen seines schönen, wertvollen Pelzes fast überall schon ausgerottet worden. Doch als man Biber aus Russland und Norwegen aussetzte und ihnen manche Flussufer mit Pappeln und Weiden bepflanzte, fühlten sie sich bald wieder wohl und vermehrten sich. Deswegen können wir heute wieder diese hübschen «kleinen Brüder» beobachten – wenn wir vorsichtig sind und uns Mühe geben.

Fledermäuse

Fledermäuse sind vielen Menschen unheimlich, ja manche Menschen haben sogar Angst vor ihnen und halten sie für gefährliche Blutsauger oder fürchten, dass sie ihnen auf den Kopf fliegen und sich in den Haaren verfangen. Manche finden auch, dass sie einfach scheußlich und unheimlich aussehen.

In Wirklichkeit sind Fledermäuse harmlose und wehrlose Tiere, die viel eher Grund haben, sich vor uns zu fürchten als wir vor ihnen. Aber dass sie recht seltsame und merkwürdige Tiere sind, das stimmt sehr wohl, und wir wollen sie uns genauer anschauen:

Die erste große Merkwürdigkeit ist, dass sie nachts fliegen, und zwar nicht nur in hellen Mondnächten oder um Straßenlaternen herum, sondern auch im Stockdunkeln. Wie machen sie es bloß, dass sie nicht gegen einen Baum fliegen, gegen eine Hausecke oder einen Drahtzaun? Haben sie wie Eulen so gute Augen, dass sie auch im Dunkeln sehen können?

Schaut man einer Fledermaus in ihr kleines Gesicht, so sieht man darin zwei winzig kleine Augen, manchmal nicht viel größer als ein Stecknadelkopf. Damit, das versteht man gleich, kann sie nicht besonders genau schauen.

Stattdessen hat sie riesige Ohren. Die heimische Langohrfledermaus hat Ohren, die so lang sind wie der ganze kleine Körper: vier bis fünf Zentimeter lang. Und auf der Nase haben manche Fledermäuse Gebilde sitzen, die ebenfalls wie ein riesiges Ohr aussehen, oder wie ein Hufeisen oder ein Blatt. Die Langohrfledermaus kann die Ohren in alle Richtungen drehen, wenn sie schläft, faltet sie sie ein und legt sie um den Körper wie eine Decke.

Ob die Fledermäuse mit den Ohren «sehen», also sich mit den Ohren nachts zurechtfinden? – So ist es. Sie können selbst das feinste Rascheln der Blätter an Bäumen und Sträuchern noch hören und das feinste Zirpen der Insekten. Aber manchmal ist es ja windstill, kein Blatt raschelt, nichts ist zu hören – was machen die Fledermäuse dann?

Habt ihr schon einmal in einer absolut dunklen Höhle gestanden, in der ihr gar nichts gesehen habt, auch nicht, wie groß sie ist? Wenn man jetzt ruft oder in die Hände klatscht, hört man sein eigenes Echo. Und am Echo kann man erkennen, ob die Höhle sehr groß oder nur ganz klein ist.

So machen es auch die Fledermäuse: Sie rufen und schreien in die dunkle Nacht hinein und am Echo erkennen sie Bäume, Häuser und Zäune. Ihr habt noch nie eine Fledermaus schreien hören? Nun, sie schreien so schrill und so hoch, dass unsere Ohren es meist gar nicht hören können. Und doch sind diese Ultraschallschreie enorm laut. Manche Fledermäuse schreien so laut, wie ein Presslufthammer laut ist – und das nicht nur einmal, sondern immer, wenn sie fliegen! Wie gut, dass unsere Ohren diese entsetzlichen Schreie nicht hören! Wir könnten nachts nicht mehr schlafen, wenn Fledermäuse ums Haus fliegen!

Dafür also haben sie ihre riesigen und empfindlichen Ohren. Und die merkwürdigen Gebilde auf der Nase sind wie eine Art Schalltrichter, mit denen sie ihre Stimme verstärken.

Das ist ein merkwürdiges und gar kein einfaches Leben, wenn man die ganze Nacht schreien muss, um nicht gegen irgendetwas zu fliegen und sich zu verletzen!

Auch wie die Fledermäuse fliegen, macht es ihnen nicht einfach. Sie haben ja keine Federn, wie die Vögel, sondern nur ganz dünne und sehr elastische Häute zwischen den Fingern und manchmal auch zwischen den Füßen. Dadurch können sie nicht einfach die Flügel ausbreiten und bequem durch die Luft gleiten, wie es die Tauben machen: drei Flügelschläge und dann mit ausgestreckten Flügeln weitergleiten; oder wie es die Störche machen, die viele Kilometer mit ausgestreckten Flügeln ohne einen einzigen Flügelschlag fliegen. Nein, das kann die Fledermaus leider nicht. Sie muss immer mit aller Kraft und Anstrengung mit ihren Flügeln schlagen, sonst stürzt sie ab. Und so hat sie immer etwas Angst, irgendwo anzustoßen, und schreit deshalb und hat immer etwas Angst abzustürzen, wenn sie auch nur die kleinste Pause machen würde. Und so fliegt die Fledermaus in dem unruhigen zickzackartigen Flug, den ihr vielleicht schon beobachtet habt – wirklich keine einfache Art, sich zu bewegen!

Noch dazu fangen die Fledermäuse während des Fluges ihre Nahrung: Nachtfalter, Schnaken, Mücken, Käfer und Spinnen. Die Käfer und Spinnen sammeln sie oft von Zweigen oder vom Boden auf. Die Nachtschmetterlinge aber müssen sie im Fluge fangen.

Auch dazu helfen ihnen ihre Echolot-Ultraschallstimmen und ihre feinen Ohren. Denn damit hören sie ganz genau, wo und wie schnell und in welche Richtung ein Nachtfalter fliegt, und können ihm hinterherfliegen und ihn mit ihren spitzen Zähnen fangen. Manche Nachtfalter aber stoßen vor Schreck so spitze und hohe – und für uns ebenfalls unhörbare – Schreie aus, dass die Fledermäuse kurz ratlos sind – und der Nachtfalter schnell entwischt!

Wie genau die Fledermäuse fliegen und etwas erkennen, kann man einmal an einem Sommerabend in der Dämmerung ausprobieren: Werft einmal ein kleines, mückengroßes Steinchen in die Luft, wo Fledermäuse fliegen. Sofort wird eine Fledermaus eine scharfe Kurve fliegen und auf das fliegende Steinchen zusteuern. Wird sie es mit ihren Zähnen fangen? Nein, einen Meter davor hört sie mit ihrem Ultraschall, dass es kein flügelschlagendes Insekt ist, und dreht enttäuscht ab. So leicht lässt sie sich nicht irreführen!

Mit ihren riesigen Ohren hört die Fledermaus ihre eigenen Schreie als Echo.

Die ganze Nacht hindurch fliegen die Fledermäuse und haben wegen des anstrengenden und kräftezehrenden Fluges sehr viel Hunger. Bis zu einem Viertel ihres eigenen Körpergewichtes fressen sie jede Nacht. Das wären bei einem 40 Kilogramm schweren Menschen zehn Kilogramm am Tag, also zehn Laibe Brot – eine unvorstellbare Menge!

Was aber machen die Fledermäuse im Winter, wenn es keine Nachtfalter, Käfer und Mücken gibt? Schon im Herbst ziehen sie fort und sammeln sich in großen, ungestörten Höhlen der Gebirge. Oft müssen sie dazu über 100 Kilometer weit fliegen. In der Höhle steuern sie die Höhlendecke an, greifen mit den Füßen voraus, klammern sich an der Decke fest, schwingen mit dem Kopf nach unten und hängen nun kopfüber an der Decke. Die Flügel schlagen sie wie einen wärmenden Mantel um den Körper herum.

Dann werden sie träge und schlafen ein und ihr sonst warmer Körper kühlt aus, bis er sehr kalt, fast schon gefroren ist. Ihr Herz schlägt ganz langsam und sie atmen nur noch selten einzelne Atemzüge. Sie sehen aus wie tot.

So hängen sie den ganzen Winter hindurch. Manchmal wachen sie mitten im Winter auf, schlafen dann aber gleich wieder ein. Erst im Frühling erwachen sie wirklich und beginnen zu zittern. Dadurch werden sie innerhalb einer Stunde wieder warm. Dann lösen sie den Klammergriff ihrer Füße (auch im Schlaf mussten sie sich festhalten, brauchten aber keine Anstrengung dafür), lassen sich fallen und fliegen los.

Manche Fledermäuse überwintern statt in Höhlen in Dachstühlen von Kirchen und Wohnhäusern. Leider finden sie heutzutage oft keinen Eingang mehr, weil das Dach so gut abgedichtet ist. Man sollte ihnen einen kleinen Eingang offen lassen.

Denn leider gibt es Jahr für Jahr immer weniger Fledermäuse. Manchen fehlen die Dachstühle zum Überwintern, andere sterben, weil dort Gifte ausgesprüht wurden. Vielen fehlt es an Insektennahrung, weil diese vergiftet wurde. Und manchen fehlt es an Stellen, an denen sie tagsüber ungestört schlafen können.

Wir können ihnen helfen, indem wir Kästen an die Hauswand oder in den Garten hängen, in die sie tagsüber klettern können.

Denn, so merkwürdig diese Tiere auch sind, so ganz anders, ja geradezu «auf den Kopf gestellt» sie sind, so wollen wir doch, dass sie nicht aussterben, sondern dass Fledermäuse weiterhin bei uns leben können!

Jetzt wollt ihr aber sicher noch wissen, wie es mit dem Blutsaugen ist. Tatsächlich gibt es in den Tropen Südamerikas Vampire. Das sind kleine Fledermäuse, die auf den Weiden Kühe oder Schweine suchen, neben diesen landen und dann auf allen Vieren, nämlich auf die Beine und auf die Daumen der Flügel gestützt, sich vorsichtig staksend an das schlafende Tier anschleichen. Wenn sie eine Stelle gefunden haben, belecken sie diese und beißen dann mit ihren scharfen Schneidezähnen ein kleines Stück aus der Haut heraus, was das Tier meist gar nicht bemerkt. Jetzt springt der Vampir ein Stück zurück, spuckt das Hautstück aus und kehrt an die Wunde zurück. Dann leckt er mit der Zunge das Blut auf, das wegen des Speichels nicht gerinnt und immer weiterfließt. So saugt der Vampir etwa zehn Minuten lang, dann sucht er das nächste Tier. Jede Nacht saugt er mehr Blut, als seinem eigenen Körpergewicht entspricht.

Wenn man in Südamerika zeltet, klettern die nur wenige Zentimeter großen Vampire oft an der Zeltwand entlang und suchen eine Stelle zum Blutsaugen. Da ist es gut, wenn das Zelt dicht geschlossen ist! Denn Vampire sind zwar keine lebensbedrohlichen Monster, aber unheimlich ist es doch, Blut abgezapft zu bekommen!

Der Buntspecht

Es gibt unter den Vögeln die verschiedensten Charaktere: Die majestätischen, elegant tanzenden Kraniche haben wir schon kennengelernt oder die so zart perlend singenden Rotkehlchen, die dann doch so mutig und keck sind. Es gibt aber auch unter den Vögeln so richtige Schaffer, Berserker und Choleriker, die mit dem Kopf durch die Wand wollen und alles daransetzen, dies auch zu tun. Die Spechte sind solche, und allen voran der Buntspecht!

Kein Holz scheint vor ihm sicher zu sein, kein Stamm, kein Ast, den er nicht mit seinem Schnabel anhacken könnte! Gut ist er dafür gerüstet: Sein Schnabel ist nicht nur lang, keilförmig und äußerst hart, sondern ist in der Rückenlinie noch einmal scharfkantig in sich geknickt und damit noch einmal versteift. Vorne ist er zugespitzt und wie ein Meißel geschärft. Ja, und der Hammer, um auf den Meißel zu schlagen – das ist sein Kopf! Mit aller Kraft schlagen Hammer und Meißel, Kopf und Schnabel in das Holz, dass die Späne nur so fliegen! Was für ein Kerl, dieser Buntspecht, dass er keine Kopfschmerzen und keine Gehirnerschütterung bekommt!

Fast immer, wenn man ihn hört oder sieht, klopft er auf einem Stamm oder Ast herum – was er dort wohl macht?

Im Frühjahr will er tatsächlich mit dem Kopf durch die Wand, oder besser gesagt in das Holz hinein. Dann schlägt er mit seinem Meißelschnabel eine neue Höhle. Mit aller Kraft spannt er seine Nackenmuskeln und schlägt mit Wucht in den Stamm hinein, dass sich unten die

Der Buntspecht hat eine Nuss in seine Schmiede geklemmt und sie mit wuchtigen Schnabelhieben geöffnet.

ein bis zwei Zentimeter langen Späne sammeln. Oft wählt der Buntspecht einen abgestorbenen Baum, dessen Holz schon etwas morscher geworden ist, oder, wenn es das nicht gibt, einen, der etwas weicheres Holz hat, etwa eine Zitterpappel oder eine Weide. Wenn es sein muss, darf es aber auch das allerhärteste Eichenholz sein!

Zwei bis vier, manchmal auch sechs Wochen arbeitet das Männchen an der Bruthöhle, bis sie groß genug ist: 40 bis 50 Zentimeter tief, 15 Zentimeter weit und mit 5 Zentimeter großem Flugloch – nicht zu groß, damit der Marder nicht hindurchpasst, aber natürlich auch nicht zu klein. Innen wird sie sorgfältig geglättet und mit Spänen gepolstert.

Vielleicht kann die schöne Höhle im nächsten Jahr wieder benutzt werden, dann wird sie vorher ordentlich gesäubert, vielleicht muss aber wieder eine neue gemeißelt werden. Dann frisch ans Werk!

Damit ist aber nicht etwa genug: Außer der Bruthöhle baut der Buntspecht noch weitere Höhlen, in denen er die Nacht verbringt. Sie sind nicht so sorgfältig geglättet, kleiner und können in vier bis fünf Tagen fertig ausgemeißelt sein.

Nur eine Schlafhöhle ist dem Buntspecht nicht genug: Kaum ist die eine fertig, beginnt er eine neue. Manchmal arbeitet er auch an mehreren Höhlen gleichzeitig. Hämmern und Klopfen scheinen ihm wirklich Spaß zu machen!

Aber auch wenn er keine Höhle baut, tockt und hämmert er besonders auf alten, morschen Ästen herum. Bis 10 Zentimeter tiefe Löcher schlägt er hinein. Was er dort wohl sucht? Unter der Rinde und tief drinnen in dem morschen Holz leben die fetten Larven der Bockkäfer, Borkenkäfer und Holzbohrer, aber auch die holzfressenden Rüsselkäfer, Laufkäfer und Ameisen. Der Buntspecht klopft so lange, bis er sie herausgemeißelt hat. Wie er sie wohl entdeckt hat? Hat er sie durch das Holz gerochen, oder hat er ihre Gangspuren entdeckt?

Kaum hat er dann das Holz geöffnet, schnellt seine lange, dünne Zunge hervor. Bis zu vier Zentimeter kann er sie blitzschnell herausstrecken. Sie ist hornartig hart und doch äußerst elastisch und biegsam, sodass sie durch alle Gänge und Ritzen, auch solche, die um die Ecke biegen, gelangen kann. Und weil sie vorne spitz und mit Widerhaken und Borsten versehen ist, spießt er Käfer und Larven damit einfach auf und zieht sie aus ihren Schlupfwinkeln in seinen Schnabel. Ruck, zuck geht das!

Für die kleineren Ameisen und ihre Puppen bespeichelt er seine Zunge jedes Mal mit seinem klebrigen Speichel, sodass diese daran haften bleiben und er sie herausziehen kann. Solch eine klebrige, elastische und mit Widerhaken und Borsten versehene Spechtzunge ist schon ein tolles Werkzeug!

Der Buntspecht hält den Wald gesund, indem er die holzfressenden Insekten, die ja manchmal auch gesundes Holz schädigen, kurz hält.

Allerdings benutzt der Buntspecht seine Werkzeuge manchmal auch zum Einbruch: Entdeckt er bei seinen Streifzügen in einer Baumhöhle irgendwo ein Meisennest, so hämmert er die Höhle auf und verschluckt die kleinen Vögel ohne viel Federlesen. Auch hölzerne Nistkästen in Wald oder Garten kann er so aufbrechen – oder die Lehmnester der Mehlschwalben! Glücklicherweise kommt solch scheußliche Räuberei nicht allzu oft vor.

Seine Hauptnahrung, vor allem während des Winters, ist nämlich rein pflanzlich. Seine Lieblingsspeise sind Tannen-, Fichten- und Kiefernzapfen – natürlich nicht die harten und holzigen Schuppen der Zapfen, sondern die weichen, ölhaltigen Samen zwischen ihnen. Wie aber bekommt er die Samen heraus? Mit dem Schnabel und der Zunge natürlich. Aber wie soll er den großen, am Zweig schwankenden Zapfen festhalten um ihn zu bearbeiten? Mit dem Fuß? Das geht nicht.

Stattdessen zwickt er den ganzen Zapfen mit dem Schnabel von seinem Zweig ab und fliegt mit der großen Beute zu einem aufgesplitterten Stamm in der Nähe. Dort klemmt er den Zapfen zwischen zwei Holzsplitter oder in eine Astgabel oder Rindenspalte. Passt er nicht ganz hinein, so macht er den Stamm kurzerhand passend, indem er ihn etwas aufhackt. Dann wird der jetzt festklemmende Zapfen wie in einer Schmiede mit wütenden Schlägen bearbeitet, dass die Schuppen wegfliegen und die Samen herausgeholt werden können.

Drei bis dreißig Minuten braucht der Buntspecht, um einen großen Zapfen ganz zu leeren, aber oft ist er zu ungeduldig dafür, fliegt vorher wieder weg und lässt den halb geleerten Zapfen in seiner Schmiede stecken. Kommt er kurz darauf mit einem neuen Zapfen zurück, so muss er den alten erst entfernen und klemmt den neuen so lange zwischen Bauch und Baumstamm. Er könnte ja auch vorher schon den alten Zapfen entfernt haben. Aber das tut er nie, dazu ist er wohl zu ungeduldig und unruhig.

Unter manchen Schmieden findet man mehrere tausend aufgehackte Zapfen, und dabei benutzt der Buntspecht oft mehrere Dutzend Schmieden gleichzeitig. Manche sind besonders für kleine Früchte geeignet: für Nüsse, Kirschkerne oder die harten Früchte der Weißbuchen. Auch diese zu öffnen versteht er meisterlich!

Manchmal klopft der Buntspecht in einen Stamm nur eine Wunde, die sich daraufhin mit Wundsaft füllt. Den süßen Saft kann er dann mit seinem Unterschnabel auslöffeln. Oft wird der ganze Stamm mit solchen Wunden versehen. Wenn der Specht im nächsten Jahr dieselben Wunden wieder aufpickt um Saft zu trinken, dann entsteht an dem Baumstamm eine Schwellung wie ein riesiger Mückenstich, der aber nicht wieder verschwindet. Viele Schwellungen nebeneinander ergeben ganze Ringel um den Stamm, die dem Baum ein ganz merkwürdiges Aussehen geben.

So durchstreift der Buntspecht sein ausgedehntes Revier, den Wald oder auch einen Park oder große Gärten. Meist fliegt er aber keine langen Strecken. Doch am Flug kann man ihn schon auf weite Entfernungen erkennen: Mit einigen kräftigen Flügelschlägen wirft er sich hoch, dann legt er die Flügel an, sinkt in einem Bogen wieder herab, wirft sich wieder hoch – und so fort, in einem Flug mit großen, schwungvollen Bögen!

Meist aber bewegt er sich zu Fuß den Baum hinauf, er hält sich mit seinen Wendezehen an der Rinde, stützt sich mit seinen sehr kräftigen und elastischen Schwanzfedern unten ab und hüpft so mit kräftigen Sprüngen stammaufwärts. Meist beginnt er unten an einem Baumstamm und wenn er oben angekommen ist, fliegt er zum nächsten, denn kopfunter klettern kann er nicht. Das kann als Einziger der kleine wendige Kleiber!

Was für eine Stimme mag der Meister Buntspecht wohl haben: ein sanftes, leises Flöten oder ein liebliches Zwitschern? Das würde nicht zu dem alten Berserker passen! Nein, seine Stimme ist laut, klar und eindeutig: «Kix» ist sein üblicher Ruf oder «Kreck». Wenn er aufgeregt ist, schimpft er laut «Gi-Gi-Gi-Gi-Gi!».

Aber meist benutzt er nicht einmal seine Stimme, um sich anzukündigen, sondern er trommelt! Auf jeden Ast kann er mit seinem Schnabel klopfen, um anzuzeigen, wo er ist. Aber er findet auch besonders schön und voll tönende Trommeläste, die er mit raschen Schnabelhieben in schnelle Schwingung versetzt, dass der girrende Klang entsteht, der oft einen Kilometer weit zu hören ist. Manchmal nutzt er auch Holzmasten, metallene Fahnenstangen oder Antennen, auf denen sein Trommeln besonders laut klingt und besonders weit trägt.

Man kann sich gar nicht vorstellen, wie ein solch ungeduldiger und unruhiger Kerl wie der Buntspecht genügend Ruhe und Ausdauer aufbringen kann, um Eier auszubrüten und Junge großzuziehen. Entsprechend schnell geht es auch: Nach nur zehn Tagen schlüpfen bereits die fünf bis sieben jungen Buntspechte. Sie sind fast nackt, nur mit harten Federkielen gespickt und grundhässlich. Aber gleich zirpen sie unentwegt, meist alle zusammen, mindestens aber einer. So kann man im Frühling eine Spechthöhle sehr leicht finden.

Sind sie einmal aus ihrer Höhle geschlüpft, so sind sie ungeheuer neugierig und aktiv, hüpfen von einem Ast zum anderen, klopfen überall mit ihren Schnäbeln herum und ertasten und belecken mit ihrer Zunge Baumritzen und Spalten. Schon nach acht Tagen haben sie keine Geduld mehr, sich von den Eltern füttern zu lassen, machen sich selbstständig und leben fortan als cholerische Einsiedler in ihrem Wald!

Ach ja, wie sieht er eigentlich aus, der Buntspecht? Ist er zartrosa gefärbt wie ein Dompfaff oder elegant hellgrau wie die Kraniche? Würde das zu ihm passen? Nein, klar und deutlich, schwarz und weiß gemustert ist er. Und an den Unterschwanzdecken, wo er sich kraftvoll abstützt, und am Hinterkopf, wo sich die Kraft zum Hämmern ballt, da ist er knallrot!

Nachwort des Herausgebers

Biber, Buntspecht und Delphine ist ein Buch, das speziell Leser ab zehn Jahren mit sehr verschiedenen Tieren, ihren Lebensweisen und Lebensräumen bekannt machen möchte. Darüber hinaus kann auch der interessierte Erwachsene aus diesen lebendig geschriebenen Tierporträts manches Erstaunliche erfahren. Es ist ein Buch für Menschen, die eine Beziehung zu Tieren haben oder entwickeln möchten.

Weder die Auswahl noch die Anordnung der besprochenen Tiere unterliegen irgendeinem System; ein Lehrbuch zu schaffen, war nicht beabsichtigt. Die anschaulichen Tierberichte ermöglichen – ergänzend zum Tierkundeunterricht oder auch unabhängig von der Schule zu Hause – eine intensive Begegnung mit der Tierwelt.

Da Kinder sich gerne mit Tieren beschäftigen, eignet sich diese Sammlung besonders auch als Lesebuch. Das Interesse an den Tieren, der eigene Wunsch, mehr über sie zu erfahren, wecken und fördern die Freude am Lesen. Damit ist die beste Grundlage geschaffen, um den vielen Kindern, die heute Mühe mit dem Lesen haben, über Schwierigkeiten hinwegzuhelfen. Lesefertigkeit und Leseverständnis können so gefördert werden.

Das Buch hat Vorläufer: das *Lesebuch der Tierkunde* von Gerbert Grohmann, das sich seit 1957 in zwölf Auflagen bewährt hat und weite Verbreitung fand, und *Moschus, Buntspecht und Delphine*. Eine Neukonzeption, die aus zweierlei Gründen nötig wurde, besorgte der Hamburger Biologe Johannes Brakel. Bei fast allen Tieren haben in den letzten fünfzig Jahren wissenschaftliche Untersuchungen zu neuen Erkenntnissen geführt. Besonders deutlich zeigt sich das im Bereich der Fledermausforschung. Ein zweiter Grund ist die sprachliche Veränderung. Begriffe verschwinden, neue Wörter entstehen, andere Ausdrucksweisen werden üblich. Diesen Tatsachen wurde Rechnung getragen. Schließlich erhält das Buch eine Bereicherung durch die intensive Auseinandersetzung des Autors mit den beschriebenen Tieren selbst. Die Erlebnisgrundlage gibt den Darstellungen ihre Spannung. Einem häufig geäußerten Wunsch folgend haben wir die Zeichnungen der Vorläuferausgaben durch farbige Fotos ersetzt.

Der Herausgeber möchte mit diesem Buch einen Beitrag leisten zu einem besseren Verständnis der Tiere aus einer sachlichen Kenntnis heraus (Tierschutz), eine Brücke bilden zu ökologischen Fragen ohne moralisierenden Unterton und bei Jugendlichen die Aufmerksamkeit in Richtung wissenschaftlicher biologischer Forschung richten.

Dieses Anliegen mit dem entsprechenden Aufwand und einer angemessenen Ausstattung zu veröffentlichen, ist uns durch die Unterstützung der Mahle-Stiftung ermöglicht worden. Dafür möchten wir uns an dieser Stelle herzlich bedanken.

Für die Pädagogische Forschungsstelle
beim Bund der Freien Waldorfschulen   *Hansjörg Hofrichter*